Die Zuversicht (und
das Lachen)
die letzte Waffe
der Hoffnung

Peter Braun

Kluge Frauen

und ihre Gärten

Impressum

© 2015 arsEdition GmbH, Friedrichstr. 9, D-80801 München
Alle Rechte vorbehalten

Text: Peter Braun
Gestaltung Innenteil: Judith Jänsch

Bildnachweis:

picture alliance / akg-images; picture-alliance / dpa/dpaweb; picture-alliance / akg-images; picture-alliance / /HIP; picture-alliance / akg-images; picture alliance / akg-images; picture alliance / akg-images; picture alliance / AP Images; picture alliance / akg-images; picture alliance / Quagga Illustrations; picture-alliance / Revierfoto; picture-alliance / akg-images; picture alliance / Klaus Rose; picture-alliance / akg-images; picture alliance / Klaus Rose; picture alliance / akg-images; picture alliance; picture-alliance/ ZB; picture-alliance / akg-images; picture alliance / Artcolor; picture alliance / Mary Evans Picture Library; picture alliance / Mary Evans Picture Library; picture alliance / Quagga Illustrations; picture-alliance / akg-images; picture-alliance/ ZB; picture-alliance / akg-images; picture-alliance / akg-images; picture alliance / Heritage Images; picture-alliance / akg-images; picture alliance / Eventpress Herrmann; picture alliance / akg-images; picture alliance / akg-images; picture-alliance / AKG; picture-alliance / akg-images; picture-alliance / AKG; picture-alliance / dpa; picture alliance / DUMONT Bildarchiv; picture-alliance / akg-images; picture alliance / akg-images; picture alliance / akg-images; picture alliance / akg-images; picture alliance / akg-images; picture alliance / akg-images; picture alliance / Artcolor; picture alliance / Mary Evans Picture Library; picture alliance / Everett Collection; picture-alliance / dpa; picture alliance / Mary Evans Picture Library; picture alliance / Godong; picture-alliance / dpa; picture alliance / Heritage Images; picture-alliance / akg-images / Helmut Kalle; picture-alliance / /HIP; picture alliance / Heritage Images; picture alliance / Mary Evans Picture Library; picture alliance / Everett Collection; picture-alliance / United Archives/TopFoto; picture-alliance / /HIP; picture alliance / Everett Collection; picture-alliance / akg-images; picture alliance / Everett Collection; picture-alliance / akg-images; picture-alliance / /HIP; picture alliance / Effigie/Leemage; picture alliance / DUMONT Bildarchiv; picture-alliance / DUMONT Bildarchiv; picture-alliance/ dpa/dpaweb; picture-alliance / United Archives/TopFoto; picture alliance / WILDLIFE; picture alliance / Mary Evans Picture Library; picture-alliance / United Archives/TopFoto; picture alliance / dpa; picture alliance / WaterFrame; picture-alliance / dpa; picture alliance / CHROMORANGE; picture alliance / Keystone; picture alliance / Gerhard Rauchwetter; picture-alliance / dpa; picture alliance / dpa; picture alliance / Wolfgang Weihs; picture-alliance / dpa; picture alliance/KEYSTONE; picture alliance / Rolf Haid; picture alliance / CHROMORANGE; picture alliance / Rolf Haid; picture alliance / Rolf Haid; picture-alliance / DUMONT Bildarchiv; picture alliance / Bildagentur-online/Klein; picture-alliance / dpa; picture alliance / Bildagentur-online/Klein; picture-alliance / dpa; picture-alliance / akg-images

FSC
www.fsc.org
MIX
Papier aus ver-
antwortungsvollen
Quellen
FSC® C012700

Printed by Tien Wah Press
ISBN 978-3-8458-0855-0

www.arsedition.de

Elke Mansch

Inhalt

Sophie von Hannover

(1630 – 1714)

Le Grand Jardin de la Leine, qui est ma vie

Porträt der jungen Sophie von Hannover

Der Schlossgarten von Herrenhausen.
Schloss von Sophie von Hannover am Fluss Leine.

An seinen Flügeln eine gemauerte Grotte und eine Kaskade. Die Grotte spendet ihr an heißen
Sommertagen Kühle. In ihren Hallen gluckern Brunnen. Die Wände sind mit Muscheln
geschmückt, mit Versteinerungen, Glas, Spiegeln, Kristallen. An der Kaskade führen geschwun-
gene Treppen zu einer Terrasse hinauf, unter der Wasserschleier über die Kaskadenstufen
fallen. Von der Terrasse geht der Blick über den Garten. Der Garten ist ein Garten der Kunst.
Ein Theater zwischen Hecken für Schauspiel, Oper, Konzerte. Götterstatuen zwischen gleich
großen, stickmustergleich gepflanzten, niedrigen Buchshecken, die blumenlos mit bunten Glas-

VERSAILLES

scherben oder Kies gefüllten Broderien. Gleich lange, sich kreuzende Wege, ausgemessen mit Zirkel, Zollstock, Messlatten, Streckenteilern, schnurgerade, gesäumt von meterhohen Hainbuchenhecken, die zu sprudelnden Wasserspielen leiten. Die Gärten des Barock sind Kunstwerke, nach klugem Gartenplan erbaut, besonnen durchdacht, genau berechnet, streng geformt.

An ihrem Anfang war Versailles. Frankreich, der 17. August 1661, Vaux-le-Vicomte, das Schloss Nicolas Fouquets, des Finanzministers Ludwigs XIV., nahe Paris: Er gibt zu Ehren des Königs ein rauschendes Fest zur Einweihung Vaux-le-Vicomtes, das seinen Reichtum zeigt, seine Stellung, sein Ansehen. Louis Le Vau und Charles Lebrun haben das Schloss, André Le Nôtre hat den Garten geschaffen, dessen Prunk die Gärten Frankreichs hell überstrahlt, selbst die des Königs. Nie zuvor ist die Natur so geregelt, gezähmt, unterworfen worden. Vaux-le-Vicomte hat sie unter seinen Willen gezwungen. Die Wasserbecken, die mit der Schnur gezogenen Wege, die Statuen, die geschnittenen Heckengänge, die Bäume, die Beete – der Garten ist allein gebaut, um zu zeigen: Der Mensch beherrscht die Natur.

Der König ist zu Gast. Er gibt sich fröhlich, ausgelassen, wohlwollend. Nur Wochen nach dem Fest wird Nicolas Fouquet verhaftet. Zu lebenslangem Kerker verurteilt, wird sein Vermögen eingezogen, Gemälde, Möbel, Teppiche des Schlosses verkauft, die Statuen des Gartens von Vaux-le-Vicomte, Götter, Faune, Nymphen, zum Jagdschloss Versailles gebracht, das auszubauen der König begonnen hat. „Weinet, ihr Nymphen von Vaux": Der Traum von Vaux-le-Vicomte ist ausgeträumt. Er war eine Beleidigung der Herrschaft des Königs. Das Volk, der Adel, selbst die Natur ist dem Monarchen untertan, und nur der König zwingt allem seinen Willen auf, keiner sonst. Er ist „le roi soleil", der Sonnenkönig, um den die Welt sich dreht. „L'état c'est moi", ich bin der Staat. Im Jahr, in dem er das Schloss beschlagnahmt, nehmen Le Vau, Lebrun und Le Nôtre nach dem Bild Vaux-le-Vicomtes in Versailles die Arbeit auf, dessen Prachtfülle allein den Glanz des Herrschers spiegelt. Die Kosten Versailles werden Frankreich an den Abgrund treiben, in den das Königtum nur Jahrzehnte nach dem Tod des Sonnenkönigs mit dem Sturm auf die Bastille stürzen wird, doch Versailles wird nicht ein Schloss werden – Versailles wird DAS Schloss. Der Schlossbau, der Garten, die Kleidung, der Tanz, die Musik, Theater, die verschwenderischen Feste, Bälle, Feuerwerke – jeder noch so unbedeutende Fürst wird fortan Versailles nachahmen, um auch seinen Untertanen vor Augen zu führen, wem allein die Macht zusteht, und Jahre später wird Sophie von Hannover Versailles besuchen, das ihre wie aller Gartensicht prägt, gleichwohl sie tadelnd sagt, das Geld habe dort mehr getan als die Natur. Doch ihr Weg zum Garten von Herrenhausen führt nicht über Versailles allein.

„Ich hatte mir angewöhnt, alle Leute zu verspotten, die Geistreichen amüsierten sich darüber und die anderen fürchteten mich." Blitzgescheit ist sie, mit messerscharfer Zunge, Tochter des

Historischer Stich der Gartenanlage von
Schloss Versailles in Frankreich

„Winterkönigs" Kurfürst Friedrich von der Pfalz, den die böhmisch-protestantischen Stände wählten, um gegen den römisch-katholischen Kaiser ins Feld zu ziehen; doch mit der Schlacht am Weißen Berg bei Prag verliert er das erste Glaubensgemetzel des Dreißigjährigen Krieges. Nur ein Jahr König, flieht er nach Holland. „Man hat mir gesagt, dass ich am 14. Oktober des Jahres 1630 geboren bin, und da ich die zwölfte Frucht aus der Ehe des Königs, meines Vater, und der Königin, meiner Mutter, war, so glaube ich, dass meine Geburt ihnen weiter keine Freude bereitete, als dass ich nicht mehr den Platz einnahm, den ich vorher innegehabt hatte." Nach dem frühen Tod des Winterkönigs schiebt die Mutter ihre Kinder lieblos ab, und so auch sie. „Der Anblick ihrer Affen und Hunde war ihr angenehmer als der unsrige." Unter der Zuchtrute höfischen Benehmens wächst sie in Leiden auf, mit schmaler Kost und schmaler Börse. „Alle Stunden waren ebenso geregelt wie unsere Verbeugungen." Einzig die Sommer, die sie fern des Drills in einem Jagdschloss verbringt, sind unbeschwert. Sie ergeht sich im Garten, betritt sein „Lusthaus", seine „Menagerie", seinen Küchengarten, sie badet im Fluss, und die Freiheit im Verborgenen ist der Beginn ihrer Gartenleidenschaft. Die von Wassergräben, den Graften, umflossenen holländischen Gärten sind ihr erster Schritt auf dem Weg zum Garten von Herrenhausen. Sie wird sie nicht vergessen. Auch nach ihrer Heirat nicht.

Eine längst überfällige Heirat – mit Hindernissen. Über das gewohnte Ehealter ist sie längst hinaus. Achtundzwanzig ist sie, ohne Land mit wenig Mitgift, doch aus höchst kurfürstlichem Haus. Das lockt.

Herzog Georg Wilhelm von Braunschweig-Lüneburg, gut aussehend, weltgewandt, geschmackvoll: Sie ist von ihm entzückt, als sie ihm versprochen wird. Dem, der um sie anhält – um zu verschwinden. Was er ihr verschweigt: Seine Landstände hatten ihm gedroht,

Ludwig XIV. Porträt im Krönungs-mantel mit Kreuz des Ordre du Saint-Esprit und Lilienzepter. Ge-mälde von Pierre Mignard, um 1662

Der Sonnenkönig lässt Nicolas Fou-quet fallen. Kupferstich von 1898

Sophie von Hannover als Kind. Gemälde von Gerrit van Honthorst, um 1635

seine Einkünfte zu beschränken, falls er nicht heiratet, doch zwischen Kurtisanen, Mätressen und Geliebten zieht er sein verschwenderisches Lotterleben vor. Kaum verlobt, lässt er sie sitzen, und um sie nicht doch noch heiraten zu müssen, verschachert er sie an seinen jüngeren Bruder Ernst August. Das Geschäft: ein Brauttausch. Als Gegenleistung verpflichtet Georg Wilhelm sich zum Eheverzicht, und Ernst August, bisher ohne Aussicht, selbst einst Herzog zu werden, soll nach dem Tod seines Bruders das gesamte Herzogtum erben. Ernst August schlägt ein. 1658 ist die verkaufte Braut verheiratet.

> *„Wenn man nicht haben kann, was man liebt,*
> *dann muss man lieben, was man hat.“*

Fehlgeburten, den Tod zweier Söhne in der Schlacht – lebenslang nimmt die Winterkönigstochter Widrigkeiten hin, um sie dann doch zu überwinden. So auch die Hochzeit. Sie schickt sich drein, doch aus der Hochzeitsreisekutsche, die mit ihr und den Brüdern nach Venedig rollt, steigt sie wieder aus. „Als ich mit ihnen nur eine Tagesreise von Hannover entfernt war, sah ich wohl, dass ich nicht weiterreisen könnte, und war gezwungen, ganz alleine umzukehren.“ Unsicher ist: Ob der Gatte eifersüchtig wurde, weil ihr einstiger Verlobter doch nicht so ganz auf sie verzichten mag. Sicher ist: Sie flieht ihre weiterreisenden Galane und kehrt in das Residenzschloss der Fürsten nach Hannover zurück, in dem sich die heikle „ménage-à-trois“ über Jahre hin-

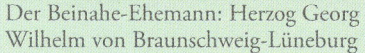

Der Beinahe-Ehemann: Herzog Georg
Wilhelm von Braunschweig-Lüneburg

Der Ehemann: Ernst August von Braunschweig-
Lüneburg, später erster Kurfürst von Hannover

zieht, bis der Gemahl zum Fürstbischof von Osnabrück gemacht wird. Verheiratet und Bischof –
das stört die Kirche nicht, für die nur der Schein zählt. Um ihn zu wahren, kann sie schlecht
„Madame Bischof" genannt werden: Sie nennt sich „Madame Osnabruc". Seine Bischofsresidenz
aber ist wenig standesgemäß, und um abzuwarten, bis sie halbwegs ausgebaut ist, folgt nun doch
die Reise nach Italien. Der zweite Schritt auf ihrem Gartenweg.

*„Ich würde mich sehr gelangweilt haben, wenn ich
nicht das Vergnügen gehabt hätte, in den schönsten
Gärten der Welt spazieren zu gehen."*

Ob in der Oper, beim Karneval oder auf den Bällen: Hinter Masken versteckt,
sucht der Adel galante Abenteuer, und während beide durch das Land reisen,
gönnt auch sie dem Gatten verführerische Betten, solange sie ihren
Stand nicht gefährden. „Es langweilte ihn nun einmal, immer die

10

gleiche Sache zu besitzen." Verona, Mailand, Florenz, dann Rom: Er besucht seine Abenteuer, sie besucht die Gärten der „Renaissance", der Wiedergeburt der Antike. „Die Gärten in diesem Land hier sind Dinge aus einer anderen Welt, die noch nie in meiner Fantasie vorkamen." In ihren Mauernischen die Standbilder der Römer, griechische Büsten, sprudelnde Brunnen, Tempelsäulen, deren Anblick sie mehr unterhält als die für Gartenschönheit blinden Adligen. „Es ärgert mich zu sehen, wie schlecht die Dinge dieser Welt verteilt sind und dass diese bösen Bartträger von Kardinälen und Exzellenzen, dumme Prinzen die schönsten Häuser und Gärten besitzen, ohne dass sie sie nutzen und ohne dass je eine Prinzessin dort spazieren geht. Wenn das alles mir gehören würde, ich würde mich wie im Paradies fühlen." Ihre wahren Paradiese aber: „In meiner Fantasie habe ich alle Gärten von Rom, die die schönsten der Welt sind." Bildervoll träumt sie, ihren eigenen Garten zu erschaffen, und sie duldet keinen Aufschub. Der Herzog gedenkt sich noch zu räkeln – sie lässt ihn schulterzuckend zurück.

Der dritte Schritt auf ihrem Gartenweg: Osnabrück. „Ich stehe jeden Tag um sechs Uhr morgens auf, um unsere Soldaten arbeiten zu sehen, die unseren Garten vergrößern und die einen großen Kanal ringsherum durch einen Sumpf legen, um schließlich den Garten mit Erde aufzuschütten, die da herausgenommen wird. Es ist noch nicht sehr schön, aber es freut mich, ihn fortschreiten zu sehen. Vielleicht bin ich tot, ehe man darin Schatten hat, aber ich denke nicht daran, ebenso wenig wie der Gärtner, denn wir sprechen darüber, was der Garten in dreißig Jahren sein wird, als ob es sich nur um dreißig Tage handelte." Bauern Soldaten, Arbeiter,

Blick auf das Osnabrücker Schloss. Ernst August von Braunschweig-Lüneburg wurde dort 1662 erster evangelischer Bischof. Zusammen mit seiner Gattin Sophie von der Pfalz ließ er ein hochmodernes Barockschloss samt Garten bauen und machte Osnabrück für kurze Zeit zur Residenzstadt.

Handwerker: Wie bei allen Schlössern schuften viele für die Gärten weniger, die sie zudem mit ihren Adelsabgaben zu bezahlen haben. In Versailles zumindest bekommen Verletzte oder beim Schlossbau Verstümmelte eine Abfindung. Witwen bekommen mehr.

Als „Gärtner" holt sie kostspielig aus Frankreich Martin Charbonnier, mit dem ein Hauch Versailles einzieht. An den Schlossbau waren zwei Flügel angebaut worden, und um den noch unscheinbaren Garten anzugleichen, verbreitert er ihn und verlegt zugleich den einstigen Schlossgraben. Mit ihm umbaut er den Garten, der zur Insel wird, und eine Brücke wird über den graftengleichen Wassergraben geschlagen, sie wölbt sich vor Sophies Gemächern im Schloss, die nicht mehr in der „bel étage" liegen. Sie liegen zu ebener Erde, um ihr Gemach ins Freie des Gartens zu weiten. „Ich hoffe, meine Tage hier zu beschließen. Ich werde es niemals bequemer haben." Um den Graben um den Garten zu sichern, wird er von meterhohen Stützmauern umgeben, und ein Wall wird aufgeschüttet, auf den als Blickschutz Bäume gepflanzt werden. Im „Herzoginnengarten" will sie ungesehen vom ausgeschlossenen Volk wandeln, und hat sie den Inselgarten durchschritten, führt ein Tor hinaus in ein Boskett, einen Baumgarten, ein sorgsam gestaltetes Wäldchen, das den mit farbigem Kies gefüllten Stickmusterbeeten des Gartens ganz nach ihren Wünschen den Schein des Wilden entgegensetzt. Ihre Wünsche sind Martin Charbonniers Befehle. Charbonnier aber, das ist Frankreich, und Frankreich, das ist Versailles, das sie besucht. 1679: Ihr letzter Schritt auf dem Weg zum Garten von Herrenhausen.

Für den Garten von Versailles werden ganze Wälder herbeigeschafft, Berge eingeebnet, Täler aufgefüllt. Lustschlösser entstehen im Garten, in den ein nie gesehener „grand canal" gegraben wird. Um ihn, die Teiche, die Brunnen zu füllen, muss Wasser von fern her gepumpt werden, auch um die Wasserspiele zu speisen, die so viel verbrauchen, dass nie alle zugleich ihre sprühenden Strahlen speien. Dass sie für die fürstliche Besucherin angeworfen werden, ist eine Ehre. „Am folgenden Tag hatte der König befohlen, dass man mir Versailles zeigen sollte, denn ohne Vorbereitung springen die Wasser nicht." Von der schier grenzenlosen Schlossanlage, an der noch sehr lange gebaut werden wird, ist sie beeindruckt – das Gartenleben am Hof des Sonnenkönigs beeindruckt sie nicht. Sie war gewarnt worden: „Die Leute hier sind so lahm wie Gänse. Ich kenne keinen, der zwanzig Schritte tun kann, ohne zu schwitzen und zu schnaufen." Sie liebt es, in ihrem Garten spazieren zu gehen, in Versailles geht kaum einer. Schreiten die Damen durch den Garten, dann mit zierlichem Sonnenschirm, eher aber sitzen sie in Kutschen oder Sänften, mit denen sie durch den Schloss-

12

Die Orangerie
von Versailles

park getragen werden, um vor der Sonne geschützt blass zu bleiben. „À la mode" sind auch
Parfum und Puder, denn sich zu waschen, ist verpönt. Nachttöpfe stehen in Nischen verborgen
in den Fluren des Schlosses, in dem der Damen einzig Ansinnen das Bett des Königs ist, der das
Hofleben strengstens geordnet hat. Wer an den Vergnügungen des Königs teilnehmen darf, wer
an die Hoftafel gerufen wird, wer wo an ihr sitzt, das alles hat seine Bedeutung und entscheidet
über Macht und Ansehen. Gunstbeweise des Königs sind hochbegehrt, und um sie zu erlangen,
herrscht ein ständiges Hauen und Stechen im Klatsch und Tratsch der Intrigen. Jeder beäugt
jeden misstrauisch und eifersüchtig. Allein schon das Erwachen und Schlafengehen des Königs,
das „lever" und das „coucher": Wer dabei ist, während der König noch im Bett liegt, hat hohen
Rang. Höher aber steht, wer zusehen darf, wie der König das Nachthemd ablegt und sich mit
Hemd und Wams, Rock, Schnallenschuhen und Degen ankleiden lässt. Ein freundliches Wort
von ihm: Aufstieg. Ein Spitze von ihm: Vernichtung. Turmhoch die Frisuren, die geschminkten
Gesichter gepudert, die Adeligen so gespreizt wie die Damen, nur darauf bedacht, in des Königs
Nähe zu sein. Das Hofleben in Herrenhausen wird Versailles gleichen, doch weit weniger in die
Adelsetikette gepresst sein. Das gar zu schimmernde Schloss von Versailles liegt der Herzogin
nicht. Weit lieber ist ihr das nahe Schloss von Saint-Cloud, auf das sie gebeten wird. „Ich war
in einem Zimmer untergebracht, von wo aus ich direkt in den Garten treten konnte, der der
herrlichste von der Welt ist, sowohl seiner Anlage nach als auch durch seine Wasserkünste. Ich

wurde nicht müde, dort spazieren zu gehen." Sie wird auch diesen Garten nicht vergessen, doch vorerst sehnt sie sich in den eigenen zurück – den sie verliert. „Ich werde mein Leben lang den Garten und das Schloss von Osnabrück vermissen. Mein Garten, meine Blumen, mein Haus, meine Möbel! Ich finde mich dieser Freuden auf einmal beraubt!"

Auf einmal: 1680 greift das einstige Geschäft mit der Braut. Ihr Gemahl wird Herzog mit Sitz im Schloss von Hannover. Den Bischofssitz muss sie dafür räumen. „Ich hätte wenigstens den kleinen Garten haben wollen, um ihn nach Herrenhausen mitzunehmen." Zumindest die Kübelpflanzen rettet sie, die auf vier Wagen nach Herrenhausen gekarrt werden. Und: Sie holt Martin Charbonnier zu sich, denn der Schlossgarten von Hannover ist ihr zu wenig angemessen. Dreißig Jahre wird er unter ihrer Aufsicht am Garten des Schlosses von Herrenhausen arbeiten, das meist als herzogliche Sommerresidenz genutzt wird, ein „maison de plaisir", ein Lustschloss,

für dessen Garten sie mit den Pflanzkübeln beginnen, die sie aus den Gärten Italiens kennt. Lorbeer, Myrte, Oleander, Granatäpfel, vor allem aber Orangenbäume, die sie leidenschaftlich sammelt, werden angeschafft. Um sie im Winter zu schützen, wird eine Orangerie errichtet, die die Herzogin zum Sommerfestsaal ausbauen lässt, vor dessen riesiger Gartenglaswand ein kiesbestreuter „jardin à orange" die Orangenbäume mit Beginn der warmen Tage aufnimmt. Entlang der Wege erleuchten an lauen Abenden Hunderte Fackeln den Garten. Sie locken die Festgäste hinaus, um ihnen die entstehende Gartenpracht vor Augen zu führen, die auch in Herrenhausen die herrschaftliche Macht zeigen wird. Unter ihren Perücken sitzen die Herren in Kniehosen und Seidenstrümpfen an Spieltischen, die juwelenbehangenen Damen in immer gewaltiger werdenden Kleidergebirgen plaudern gewandt unter der Stuckdecke der Orangerie über die Reiseberichte aus fernen Überseewelten, aus denen immer mastreichere Schiffe immer seltsamere Tiere, Pflanzen, unbekannte Früchte zu den Höfen der Alten Welt bringen. Doch wie in Versailles: Vergoldete Kutschen, goldenes Geschirr, hauchdünne chinesische Vasen, die nicht endenden Festlichkeiten für oft Hunderte von Gästen sind nicht Vergnügungen allein. Mitsamt den zahllosen Hofämtern binden sie den Adel an den Fürsten, der sie so im Auge hat. Wer tanzt, begehrt nicht auf, und je üppiger der Ball, je ausgesuchter die Speisen, je vielstimmiger die Musik, desto bedeuter der Fürst, und je prunkvoller sein Schloss, je prächtiger sein Garten, desto größer seine Geltung. Der Vergnügungen sind daher viele: „Bauernhochzeiten" oder „Wirtschaften" sind beliebt, bei denen die Herzogin als Wirtin verkleidet aufwartet, im Winter stehen Schlitten für die Gäste bereit, im „venezianischen Karneval" reihen sich die Kutschen aneinander. Auf den festlichen Prunkwagen sitzen dann die verkleideten Höflinge, um an den sich verbeugenden Bürgern vorbei durch die Stadtgassen zu fahren. Opern, Konzerte, Kammermusik, Singspiele, Scherz, Musik, der Garten, die Feste sind am Hof unverzichtbar.

„Le Grand Jardin de la Leine, qui est ma vie."

„Der große Garten an der Leine, der mein Leben ist": Um auch im Winter Erlesenes zu bieten, werden in einem torfbeheizten Gewächshaus Feigen, Melonen, Pfirsiche für die Gäste gezogen, die Grotte und Kaskade bewundern und den immer weitläufiger werdenden Garten. Gerade Linien, rechte Winkel, die Broderien quadratisch – in den Gärten obsiegt der Verstand

Gartentheater, angelegt 1689–93 unter den Architekten Brand Westermann und Martin Charbonnier

über die Natur, denn nach dem grauenvollen Abschlachten des Glaubenskrieges hatte sich die Vernunft Bahn gebrochen. Die Geometrie, die Mathematik, die Perspektive beherrscht alles, auch das Heckentheater des Schlossgartens. Heckenkunst: Die Natur ist nur Rahmen für den Geist, der sich auf der Bühne zeigt. Sechzig Meter ist sie tief, und um ihre Tiefenwirkung zu erhöhen, verengt sie sich nach hinten, zugleich steigt der Boden an, an dessen Seiten gestaffelte, in Form geschnittene Heckenpaare als Kulissen dienen, in denen sich die Schauspieler umkleiden, um auf ihren Auftritt zu warten. Vor den Heckenkulissen stehen blattgoldbelegte Bleifiguren aus der Welt der Antike, und wie in einem antiken Theater sitzen die Zuschauer in ansteigenden Rängen, um ihnen guten Blick nicht nur auf Schauspiel oder Ballett, sondern auch auf Herzog und Herzogin zu geben, die ihren Sitzplatz auf der Bühne haben, auf der die Damen und Herren des Hofes oft selbst mitspielen, um sich zu zerstreuen.

Theater, Grotte, Kaskade, dicht gepflanzte, schattenspendende Heckengänge, die zu verschwiegenen Treffen einladen, die Wasserspiele der Becken – eines aber vermisst die Herzogin: eine große Fontäne, die wie in Versailles Gischtschleier in den Himmel sprüht. Ein „Fontainier" müht sich über Jahre, den Wasserstrahl aufspritzen zu lassen, doch dem flachen Land Herrenhausens fehlt das Gefälle. Unsummen werden daher aufgewendet, um mit Pumpen und Räderwerken das Wasser mit Kraft durch die Leitungen zu drücken. Baumeister, Bergleute, Brunnenbauer werden hinzugezogen, Abhandlungen geschrieben, Pläne gezeichnet und verworfen – vergeblich. „Die Schöne von Herrenhausen": Erst nach Sophies Tod wird die Fontäne gelingen. Sie ist der einzige Rückschlag der Herzogin in Herrenhausen, dessen Garten sie noch erheblich erweitert, als der Herzog zum Kurfürst erhoben wird, zu einem der mächtigsten Fürsten des Reiches.

Um seinen gestiegenen Rang zu zeigen, wird das Land zugekauft, das den Garten umgibt, um den nun ein gewaltiger Wassergraben gelegt wird. Mit Hacken, Pickeln, Schaufeln heben ihn wieder Soldaten aus, für die Regimentskapellen aufspielen, um sie bei Laune zu halten. Ein endloser Karrenzug schafft den Abraum der Graft weg, im Garten wird gegossen, gegraben, gejätet, die Hecken zugeschnitten, Bäume werden aus den Wäldern geholt, für erschlagene Maulwürfe wird ein Handgeld gezahlt. Über Jahre ist der Garten von Herrenhausen eine Baustelle, auf der die sechzehn quadratischen Beete vor dem Schloss, das „grand parterre", zu acht lang gestreckten Rechtecken zusammengefasst werden, um eine Wegachse mitten durch den Garten zu führen, die den Blick zur Gartenfassade des Schlosses lenkt. Einstige Fischteiche werden zu „bassins" eingefasst, in die Schwäne gesetzt werden, Beete werden angelegt, Hunderte Heckenstauden dicht an dicht gereiht, seltene Pflanzen gesteckt, und hinter den Teichen wird der noch einmal so große „nouveau jardin" geschaffen, dessen Wege auf vier kleine Fontänenbecken zulaufen, die mit der großen Fontäne einen Stern bilden. Der Garten als Kunstwerk: Für ihn entsendet sie ihre Gärtner nach Holland, um zu lernen, in Italien kauft sie wertvolle Gewächse, aus dem Garten von Linden lässt sie alle Orangenbäume herbeischaffen, und als das Schloss von Celle an den Herzog fällt, werden auch dessen Orangenbäume geplündert, um sie in Herrenhausen von einem eigenen Orangengärtner pflegen zu lassen. „Mit dem Herrenhäuser Garten können wir prunken, der in der Tat schön und wohl gehalten ist."

Und ihre Gartensucht endet nicht. Ein beträchtlicher Batzen wird ihr jährlich ausgesetzt, um den Garten zu verfeinern, doch sie gibt ihn nicht nur für gewagte Anlagen oder immer neue Kunstwerke aus, denn wieder geht ihr Blick nach Frankreich: Um die gewaltigen Summen für den Hof, den Staat, die ständigen Kriege aufzubringen, setzt der Sonnenkönig darauf, alle für das Land nötigen Waren in Frankreich herzustellen. Einfuhren werden mit hohen Zöllen belegt, die heimische Landwirtschaft und die ersten Handwerkerfabriken hingegen werden gestützt, um begehrte Waren im eigenen Land billig anzubieten oder teuer auszuführen. Und so tut es auch die Herzogin nach, um ihr Land zu fördern. Aus Italien lässt sie einen Reisbauern kommen, um ihren Gärtnern beizubringen, wassergeflutete Reisfelder anzulegen. Der Versuch scheitert am widrigen Wetter. Besser gelingt der Anbau von Tabak. Flüchtlinge aus Frankreich haben das Geheimnis der Seidenweberei mitgebracht: Um die sündteure Seide nicht einführen zu müssen, werden Eier des Seidenspinners über verschlungene Wege nach Herrenhausen geschmuggelt, denen Maulbeerbäume folgen, die nachgezogen werden. In einem Maulbeergarten stehen Tausende von ihnen für die Seidenspinnerraupen, die sich von ihren Blättern ernähren, um sich

Das Goldene Tor zum Schloss Herrenhausen im Großen Garten

„Leibniz behauptet, dass nicht zwei Blätter einander völlig ähnlich seien." Der Philosoph Gottfried Wilhelm Leibniz war diskutierfreudiger Gast am Hof der Kurfürstin Sophie von Hannover im Park von Herrenhausen. Kolorierter Kupferstich von Christian Schule, 1796

in Kokons zu verpuppen, die mühsam für die Seidenfäden der Webereien abgewickelt werden. Die Seidenfäden, die Früchte, die Gemüse, die in Herrenhausen gewonnen werden: Die Gärtner verbreiten ihr Wissen im Land für die Anlage von Nutzgärten, die Maurer, Zimmermänner, Steinmetze geben ihre Erfahrungen weiter, die Wasserwerker der Brunnen, der Wasserspiele, der Fontänen verbessern die Bewässerung der Felder oder die Kraft der Mühlen. Der Garten von Herrenhausen ist kein Ziergarten allein.

Doch nicht jedwedes Wissen wird weitergereicht. Dem Gerücht nach hat ein englischer Lord seinen Gartenbaumeister ermordet, damit er nie wieder eine Kaskade wie die seine errichtet. Und auch Herrenhausen wahrt Geheimnisse. Alle Wege oder Beete weichen um ein weniges vom vorgegebenen Winkel ab. Schlampige Fehler oder Absicht, um das Auge nicht durch Gleichheit zu ermüden?

„Meine Füße tragen mich noch auf dem großen Rundgang um den Garten, ohne müde zu werden, worüber ich recht froh bin, denn ich gehe sehr gern in diesen hohen Laubengängen spazieren."

Die Herzogin im Alter, der Herzog ist tot. Herrenhausen hat er zu ihrem Witwensitz bestimmt. „Nachmittags mache ich Handarbeiten und betrachte meine Gemälde, was mich ergötzt." Sie ist geschickt mit der Nadel, fertigt perlenbesetzte Geldbörsen, näht Strumpfbänder oder Schärpen, die sie verschenkt. Sie liest viel, verschickt Briefe über Briefe. Ihre „mémoires", die Erinnerungen an ihr Leben, hat sie längst aufgeschrieben. Ihre Stickereien, ihre Bücher.

Der Große Garten der Herrenhäuser Gärten

Sophie nach 1701.
Kupferstich

Sommer im Großen Garten

Die Abende aber gehören dem Garten. „Alle Lustbarkeit, die man hier hat, ist der abendliche Spaziergang." Ihre Abendgänge sind eher Märsche, zum Leidwesen ihrer Hofdamen, die ihr hinterherschnaufen müssen. „Ich kann Gott alle Augenblicke nicht genug danken, dass ich gottlob nicht das geringste Ungemach von meinem Alter habe; ich gehe im Garten alle meine Leute müd." Um sich auszuruhen, sind bei den Schwanenteichen verzierte Holzunterstände errichtet, in denen sie mit Vorliebe weilt, um den Vögeln in ihren Käfigen zu lauschen. „Ich sitze gerade in meinem kleinen Kabinett wie eine Melone im Treibhaus. Ich habe zwölf Kanarienvögel, die einen Lärm machen, als wenn ich in einem Gehölz wäre. Hoffentlich verjüngt mich dies. Ich muss Gott für meine gute Natur danken, dass ich noch sonder Mühe den großen Rundgang um den Herrenhäuser Garten machen kann. Nun, da ich den Menschen nicht mehr angenehm bin, ergötze ich mich an den Tieren, so hat jedes Alter seine Lust."

Eine Lust wartet noch auf sie: die rauschendsten Tage von Herrenhausen. In den protestantisch-katholischen Kriegswirren um das englische Königtum hat das „House of Parliament" den letzten Nachkommen der Stuartkönige zur Thronfolge bestimmt: Sophie von Hannover. „Was mich anbelangt, denke ich mehr ans Himmelreich als an das von England." Sie fühlt sich geehrt, aber zu alt, und erst nach ihrem Tod wird das Haus Hannover den englischen Thron besteigen.

19

Doch um der Erbin die Aufwartung zu machen, begibt sich der Adel aus aller Herren Länder nach Herrenhausen und wird mit Pomp empfangen.

Ihr Garten erstrahlt in noch mehr Glanz: Eine Sonnenuhr wird aufgestellt, die Figuren des Heckentheaters werden frisch mit Gold belegt, riesige Steinvasen werden in den Garten gebracht, die für Feuer, Wasser, Erde, Luft stehen, und Dutzende von Sandsteinfiguren gemeißelt, die weiß bemalt werden, denn so viel Marmor ist selbst für die Herzogin zu teuer. Englands Adel fällt in Schwärmen in Herrenhausen ein, um seine Thronerbin zu sehen, dem russischen Zaren wird Fest auf Fest gegeben, eine Gondel wird aus Venedig geholt, die unter prasselndem Feuerwerk über die Graft des Gartens gleitet, und die Herzogin führt die Besucher durch den Garten, sie feiert, sie tanzt, eröffnet Bälle. So rüstig sie aber in ihrem Alter auch ist, der Tod ereilt sie doch, sanft und unerwartet – in ihrem Garten. 8. Juni 1714: Auf ihrem Abendmarsch wird ihr schwindlig. „Mir ist nicht gut. Geben Sie mir Ihre Hand." Eine Hofdame legt sie zu Boden. Ein Wimpernschlag später: Vierundachtzig Jahre ist sie alt, als ihre Augen brechen. Ihr letzter Blick gilt ihrem Garten.

Die Gärten des Barock: Sie sind auf das Schloss ausgerichtet, denn das Schloss steht für den Herrscher.

Tritt er hinaus, liegt der Garten vor ihm, um seinen Sinnen zu schmeicheln. Die Gärten des Barock: grüne Festsäle. Die Gärten des Barock: Sie verschlingen Vermögen. Und nicht nur sie. Wilhelmine von Bayreuth wird erst für ihre „Eremitage", dann für den Felsengarten „Sanspareil", „Ohnegleichen", ihre Untertanen auspressen, Napoleons Joséphine de Beauharnais wird für die Rosen von Malmaison die kaiserlichen Kassen leeren, im armen Weimar werden die Herzoginnen den Garten des Schlosses Belvedere anlegen, den Park an der Ilm zum Landschaftsgarten umbauen, dafür sorgen, dass an die Wege des Landes Tausende Bäume gesetzt werden, um sie zu Alleen zu gestalten, und die Fürstin von Pückler-Muskau wird ihrem Gatten die Scheidung anbieten, damit er sich eine reiche Erbin angelt, um mit ihr die turmhohen Schulden zu decken, die er für seinen Landschaftsgarten aufgenommen hat. Die Lust am Grün kannte keine Grenzen, auch in Herrenhausen nicht. Nach dem Tod des Herzogs wird ihm ein Standbild errichtet. In seiner Hand vollgeschriebene Blätter. Spötter witzeln, diese seien nicht etwa Gesetzesdokumente, sondern unbezahlte Gartenrechnungen, die von der Herzogin aufgehäuft wurden.

Die Gärten des Barock: Sie enden. Frankreichs König wird in der Französischen Revolution das Schafott besteigen, die französischen Bürger legen den Adel unter das Fallbeil der Guillotine, der Hof wird abgeschafft, Versailles verwaist. Die Bürger haben die Macht, der Hof ist beseitigt: Wie sie sich von den strengen Gesetzen des Hofes befreien, ganz so werden sie die streng geregelten Gärten befreien, die sich von französischen Gärten zu englischen Landschaftsgärten wandeln, deren freie Weiten bald überall für freie Bürger offen sind. Die Gartenmauern fallen, die der Adel um sich errichtete, der fortan ohne das Geld seiner Leibeigenen, seiner Bauern, seiner Untertanen auszukommen hat. Er muss sich nach der Decke strecken, besonders der niedere Adel. Als die prächtigen Hofhaltungen, die prunkenden Gärten, die überbordenden Feste, Dutzende und Dutzende von Hofämtern mit den Fürsten vergehen, ist auch ihr Adelsleben bei Hof vorbei. Aus den Adeligen werden adelige Bürger, und um zu überleben, zieht sich der ärmere Adel auf seine Landschlösser zurück, deren Lustgärten sie zu Nutzgärten machen, um mit ihren Gemüsen, Kräutern, Salaten den karger werdenden Tisch zu decken, bis Adelige, Bürger, Künstler die nur nützlichen Gärten mehr und mehr als Zuflucht betrachten, als friedvollen Schutz vor der lärmenden Welt, die sich rasend verändert. Die Seidenstrümpfe, Kniehosen, Perücken verschwinden, als die Schlote der ersten großen Fabriken rauchen, und je mehr der Arbeitstakt der Maschinen den Alltag bestimmen wird, desto mehr wird die Sehnsucht nach dem abgeschiedenen Idyll im eigenen Garten wachsen. Blumen-, Kräuter- oder Obstgärten: An ihrem Anfang stehen die Landschlösser, die zu Landgütern werden, um sich selbst zu versorgen. Aus den Hofadeligen werden Gutsbesitzer – nicht immer zur Freude der Adelsdamen, die ihre Seidenkleider mit der Küchenschürze tauschen.

Der Garten Pückler-Muskau in Niederschlesien. Kolorierte Lithografie nach einer Zeichnung von Wilhelm Schirmer, 1834

Bettina von Arnim

(1785 – 1859)

Blumen sind die Liebes-gedanken der Natur

Die Schriftstellerin Bettina von Arnim.
Gemälde von Achim von Arnim-Bärwalde

Achim von Arnim an seinen Schwager Savigny, Gut Wiepersdorf, den 16. April 1814: „Nach langer Irrfahrt (wir hatten nicht nur den rechten, sondern überhaupt den Weg verloren, und ich ging dem Wagen voraus, um ihn zu suchen) kamen wir hier nachts nach 1 Uhr an, meine Frau ist von der Nachtfahrt noch etwas angegriffen, die Kinder sind wohl, ich fühle im Allgemeinen ein Behagen über meinen Entschluss aufs Land zu ziehen." Das Gut ist zwischen Kiefern und Kartoffelfeldern der Mark Brandenburg schwer zu finden, das Gutshaus ist herunter-gekommen, Dielen und Fenster sind morsch. Sie reisen mit wenig Gepäck aus Berlin an, selbst das Nötigste fehlt. Bettina von Arnim entbehrt ein Plätteisen, eine Waschwanne, Schauerfass, Zuber, Kehrbesen, Schrubber, Schippe, Sonnenhut, doch sie fügt sich drein. Sie putzen, räumen auf,

Zimmermann, Maurer, Schlosser werden einbestellt, Bäume gepflanzt, Getreide ausgesät, Stallungen abgerissen. Achim von Arnim gibt sich als Gutsherr. Er hält Schweine, Schafe, Kühe, Hühner, pflanzt Gemüse, setzt Apfel-, Birn- und Pflaumenbäume, jagt, trägt den Misthaufen ab oder arbeitet im Stall – und zahlt Lehrgeld. „Arnim hat mit dem Maurer um die Wette angestrichen, unter andern einen Wandschrank so oft wohl an zwanzig Mal und noch öfter, wenn es nicht zuletzt an Farb gefehlt hätte." Sie versorgt unterdessen die Küche, lernt Obst einkochen, Wild zu häuten, und die Kinder fühlen sich wie die Fische im Wasser. „Sie klettern über die Bauhölzer, sie schrammen sich Ärm, Beine und Köpfe blutig, zerreißen die Kleider in tausend Stücken, kriegen Läuse auf den Kopf und lassen sich nicht kämmen, fressen Staub und Sand und Mus und lassen sich nicht waschen, sie sehen aus wie die Teufels." Das gefällt ihr. Bettina von Arnim hält sie an einer langen, aber fürsorglichen Leine und erzieht sie zu der Freiheit, die sie auch für sich schon immer ersehnt hatte. Ganz anders als sonst üblich stirbt nicht ein einziges ihrer Kinder in den ersten Jahren. Bettina von Arnim nennt sie losgelassene Füllen und fürchtet, inmitten von Staub und Sand bald selbst so abgerissen auszusehen wie ein Bettelweib. Sie benehmen sich in Feld, Wald und Garten ganz so wie der aufmüpfige Wirbelwind, der sie einst als Kind gewesen war.

Elisabeth, „Bettina", Brentano, 1785 bis 1859. Der Garten ihrer Kindheit: „Wir hatten einen schönen Garten am Haus. Ebenmaß und Reinlichkeit war seine Hauptzierde, an beiden Seiten liefen Spaliere hin mit ausladenden Fruchtbäumen, im mitten Gang standen die Bäume so edel, so hoch, so frei von jedem Fehl, sie hingen ihre schlanken Äste so schwer tragend im Herbst an den Boden, es war so still in diesem Garten wie in einem Tempel, im Eingang waren auf beiden Seiten zwei gleichmäßige Teiche, in deren Mitte Blumeninseln waren, hohe Pappeln begrenzten ihn und vermittelten die Nachbarschaft zu den Bäumen in den angrenzenden Gärten." Bettina von Arnim wird als Bettina Brentano in Frankfurt im „Haus zum Goldenen Kopf" in der Großen Sandgasse geboren. Peter Anton Brentano, ihr Vater, ist reich an Geld und Kindern. Zwanzig insgesamt, Bettina ist das dreizehnte. Ihre Mutter, Maximiliane von La Roche, ist seine zweite Frau. Die Heirat war ein gutes Geschäft. Er hatte das Vermögen, sie den Namen. Für Goethes Mutter aber, die Frau Rat in Frankfurt, bleibt er ein Emporkömmling, der sich zu einem vornehmen Mann wie der Esel zum Lautenschlagen eigne. Maximiliane von La Roche wurde mit achtzehn verheiratet, brachte in neunzehn Jahren Ehe zwölf Kinder zur Welt. Am letzten starb sie. Bettina ist damals acht. Ein herber Schlag. Ihr Vater heiratet eine junge Adelige, mit der er

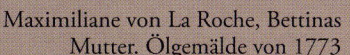

Maximiliane von La Roche, Bettinas
Mutter. Ölgemälde von 1773

noch mehr Ansehen erringt, Bettina aber kommt ins Kloster. Sie muss den Garten der Kindheit verlassen.

Bettina im Kloster: „Den kleinen Bienengarten hab ich gepflegt, und die gewürzigen dunklen Nelken besonders hab ich hineingepflanzt. Die alte Nonne tat mir auch den Gefallen zu behaupten, dass man alle Blumen, die ich gepflanzt hatte, aus dem Honig herausschmecke." Sie geht den Nonnen zur Hand, hilft bei der Hopfenernte auf einem Pachtgut des Klosters, gräbt und hackt im Klostergarten.

„Alle Blumen hab ich geliebt, eine jede in ihrer Art."

Ob Rosenstöcke und Jasmin in ihrem Schlafzimmer, Feldblumen in Schalen und Vasen oder selbst gezogene Blumen aus ihren Gärten: Blumen werden immer um sie sein. Sie sind ihr ein Trost in dunklen Tagen. „Die Schönheit erkennen in allem Geschaffenen und sich ihrer freuen, das ist Weisheit." Bettina ist aufgeweckt und fröhlich und sie lässt sich nichts vormachen. Auch von den Nonnen nicht. Von der Klosterschule hält sie wenig, deren Bildung für Mädchen nicht Gelehrtheit meint, denn die ist am Heiratsmarkt verpönt. Gattinnen sollen unterhaltsam sein und den Haushalt führen, mehr nicht. Im Kloster lernt Bettina dafür Lesen, Rechnen, Zeichnen, Musik und Hausarbeit. „Welche schwere Verdammnis, die angeschaffnen Flügel nicht bewegen zu können." Sie will sie bewegen und schwört, sich selbst treu zu bleiben, sich nicht unterkriegen, sich nicht beschränken zu lassen, kein bloßes Heimchen am Herd zu werden, und sie hält den Schwur ihr Leben lang. Sie gefalle sich selbst gut, schreibt sie, und nimmt sich vor, so zu sein, wie sie nun einmal ist.

Bettina, das Kind: Nach dem Tod des Vaters wird sie zur Großmutter geschickt. Diese liebt die Enkelin und die Enkelin sie, die Hauslehrer aber verzweifeln an dem Mädchen. Bettina nutzt lieber die Hausbibliothek, und so lernt sie weit mehr als auf der staubtrockenen Schulbank. Bettina Brentano ist wissenshungrig, vorschreiben lässt sie sich nichts. Sie widersetzt sich dem sturen Pauken und gilt dafür als närrische „Tollhäuslerin", doch die Schellenkappe trägt sie gern. „Ich bin so dumm und so vergnügt." Die Dummheit, die sie vor sich herträgt, ist ihr Schild, mit dem sie die Zwänge ihres Standes abzuwehren versucht. „Den Philistern zum Trotz und der bleiernen Zeit": Sie will ihre Freiheit behalten. Sich selbst bestimmen, eigenständig denken, unabhängig sein, der Wahrheit verpflichtet bleiben ist die Losung ihres Lebens, die nicht in ihre Zeit passt und sich schon gar nicht für Frauenzimmer schickt, und dafür wird sie als grillenhaftes, eigensinniges, widerspenstiges Geschöpf angesehen. „O Jammer, dass ich nicht fliegen kann." Herumtollen, auf Apfelbäume klettern, alles, nur nicht stillsitzen. „Häufen Sie Widersprüche auf Widersprüche, bergehoch, überschütten Sie alles mit Blumen, lassen Sie Funken und Blitze herausleuchten und nennen Sie's Bettina." So viel Geist und so viel Narrheit sind unerhört. Bettina gilt als übergeschnappter „Hauskobold", und doch weiß sie, ihr Leben ist vorbestimmt, ein Entkommen ist nicht vorgesehen, und um sie zu bändigen, wird sie der Großmutter weggenommen. Zeit, sie zu verheiraten.

Ihre Familie erzieht an ihr herum. Sie glauben, Hausarbeit werde ihr die Freiheitsflausen schon austreiben und sie auf die Ehebahn lenken. Sie täuschen sich. Den ersten geldgesegneten Heiratskandidaten vertreibt sie und schimpft wie ein Rohrspatz, ihr „so einen Esel" anzutragen, und auch ihr Bruder Clemens Brentano beißt sich die Zähne aus. Er tischt ihr Carl von Savigny auf, der aber zieht ihre sanftere Schwester Gunda vor, und als die jüngere Lulu vor ihr glänzend unter die Haube kommt, hat Bettina keine Wahl mehr. Heiraten verspricht wenigstens ein bisschen Eigenständigkeit, denn Sitzengebliebene müssen ihr Leben unter der Fuchtel der Verwandten fristen und werden als überflüssiger Klotz am Bein verachtet. „Lieber tot als übrig bleiben." Bald aber ist der halbwegs Rechte in Sicht.

„Die Rose hab ich mit ins Bett genommen. Was soll sie im Glas langsam welken – überall sollt man ein Heiligtum der Natur mit herumtragen, das frei macht vom Bösen, wer kann in Gegenwart einer Rose nicht mit edlen Gedanken gefüllt sein. Ich hab's lieb, das Röschen, mit dem ich geschlafen hab – es war matt, nun hab ich's ins Wasser gestellt, es erholt sich." Bettina, seine Rose, Bettina, seine Gattin. Die Heirat mit Achim von Arnim kommt nicht überraschend. Durch Cle-

Achim von Arnim (1781–1831)

Clemens Brentano (1778–1842)

Titelblatt von *Des Knaben Wunderhorn*

mens Brentano lernen sie sich kennen. Sie schicken sich Freundschaftsbriefe, von Zuneigung steht wenig darin. Bettina Brentano sieht Achim von Arnim selten. In ihren Briefen tasten sie sich ab, erwägen mehr als nur Freundschaft, bleiben jedoch zögerlich. Ihre Freiheitssucht verstört ihn. Dann aber wendet sich das Blatt. Achim von Arnim versucht, als Schriftsteller zu leben, und zusammen mit Clemens Brentano gibt er die Liedersammlung *Des Knaben Wunderhorn* heraus, bei der Bettina Brentano mithilft, und so kommen sie sich näher. Zum Heiraten aber fehlt ihm das Auskommen, bis ein beträchtliches Vermögen in Aussicht steht. Er erbt, das Erbe aber hat einen Haken: Das Geld wird erst an seine Kinder fallen. Keine Kinder, kein Erbe, und so wird Bettina die Auserwählte. „So war mein Entschluss nach der Eröffnung des Testamentes bald gefasst, das Meinige zu tun, um rechtmäßige Kinder zu haben. Da brauchte es nicht langer Zweifel, ich wusste niemand auf der Welt, von der ich so gern ein Ebenbild besessen hätte." Im Winter 1810 verloben sie sich, im Frühjahr 1811 wird geheiratet. Sie zieht die wenigen Ehefreiheiten den Fesseln ihrer Familie vor.

„Gott macht die Liebe und der Teufel die Heiraten!"

Die gewünschten Kinder kommen. Sieben von ihnen, und zwischen Geburt und Schwangerschaft liegen manchmal nur Wochen. Achim von Arnim stöhnt, dass der Himmel ihnen keinen Scherz vorübergehen lasse, ohne gleich Ernst daraus zu machen. In den ersten Jahren ihrer Ehe leben sie in Berlin, aus Zuneigung wird Liebe, doch mehr und mehr Sorgen zehren sie auf.

Bettina von Arnim

Bettina von Arnim

„Nun geht unser Tagwerk folgendermaßen vor sich: Von morgens früh an gehe ich der Musik nach und Arnim treibt seine eignen Geschäfte, gegen Abend bearbeiten wir ein kleines Gärtchen hinter unserem Häuslein, das mitten in einem großen Garten steht." Der Garten gibt ihnen zu essen. In Gärten vergnüglich lustwandelnd sich an den Blumen zu freuen oder mit Gärten Reichtum und Macht zu zeigen – das war für Könige, Fürsten, reiche Adelsdamen. Bauern, Bürgerliche, niederer Adel hingegen brauchen Gärten, um zu überleben. Und so auch sie, denn viel haben sie nicht. Achim von Arnim verdient so gut wie nichts, Bettina von Arnim muss mit wenigem auskommen, backt ihr eigenes Brot, schlägt Butter selbst, kümmert sich um die Kinder. Noch aber ist sie froh. „Ich wohne hier in einem Paradies! Die Nachtigallen schmettern in den Kastanienbäumen vor meinem Schlaffenster, und der Mond, der nimmer so hell geschienen, weckt mich mit seinen vollen Strahlen." Die Vertreibung aus dem Paradies lässt jedoch nicht lange auf sich warten. Im Hausgarten Gemüse zu ziehen, reicht zum Leben nicht hin, Geld fehlt an allen Ecken und Berlin ist teuer. Achim von Arnim aber hat das Recht, auf Gut Wiepersdorf zu wohnen und das Land zu bewirtschaften. Sie ziehen um.

„Arnims Haus ist geräumig und der Garten daran und der Wald von Birken dahinter schön, doch ist jenes inwendig ziemlich verfallen, war aber mit Pracht und eigentlich fürstlich eingerichtet. Zimmer mit purpurseiden Tapeten und reichen Goldleisten und getäfelter Boden. In seiner Stube liegt alles ziemlich untereinander, die Bettina führt die Haushaltung selbst, hat alles Schwere, z. B. gutes Kochen, leicht erlernt, hat aber keine Lust an diesem Wesen, daher wird ihr alles sauer und ist doch in Unordnung." Der erste Winter in Wiepersdorf wird hart, die Schlafstuben haben keine Öfen, und die Öfen, die gesetzt werden, rußen. Die Fenster sind undicht, der Frost kriecht ins Haus. Gekocht wird im Kamin der Kinderstube. Bettina Brentano aber ist schwanger, und so kehrt sie ob der Winterkälte nach Berlin zurück und erst im Frühjahr sieht sie Wiepersdorf wieder. „Es wird hier sehr viel gebaut und eingerissen", schreibt sie. „Wenn wir uns nur noch ein klein wenig vereinfachen, so können wir von uns selbst leben." Sie täuscht sich, das Gut ist zu verschuldet. Die Güter Wiepersdorf und das dazugehörende Bärwalde bringen gut 8000 Taler im Jahr, die vom Schuldzins für 150 000 aufgenommene Taler verschlungen werden. Oft genug muss Achim von Arnim um Aufschub der Zahlungen bitten. Wiepersdorf ist heruntergewirtschaftet, und weil seine Sorgen wachsen, erkrankt er. Er schwebt zwischen Leben und Tod, fiebert, spricht im Wahn, magert ab, und sie sitzt an seinem Bett, wacht, pflegt ihn, hofft, dass er nicht sterbe. Der Zusammenbruch hatte sich angekündigt, als ihm die Lage des Gutes vorgerechnet worden war. „Da stieg mir eine bittere Wehmut in die Augen, dass die Kinder mir einst zürnen werden, dass ich nicht besser wirtschaftete, während ich sparte all mein Tagelang." Die Last hatte ihn niedergezwungen,

doch zumindest den Kindern tut das Landleben gut. „Die Kinder werden fast wie Bauernkinder aufgezogen und laufen in Kitteln, deren Zeug die Bettina selbst gewebt." Sind sie zu Bett, gehören die Nächte ihr und Achim von Arnim, und an freien Tagen liegen sie im Gras und machen Reisen in Gedanken. „Abends (wir essen um 7 Uhr zu Nacht) geht's an ein Erzählen und Aufschneiden, dass die Balken krachen." Um halb zehn legt sich alles elend müde schlafen.

„Die Zeit vergeht schnell in dem blühenden, singenden Garten."

Der Garten am Haus, der Park des Gutes, die Bäume, die Felder, die Wiesen: eine friedvolle Wohltat, doch nicht für sie. Die Obstbäume hegen, mitsamt Mägden und Knechten die Gemüse-beete bestellen, das Holz einbringen, Aussaat und Ernte sind eine Plackerei, und Wiepersdorf ist weiter schwer zu halten. Erst nach Jahren wird die alte Suppenterrine, die als Nachttopf herhält, durch einen eigenen Abort ersetzt. „Die Nachtstühle, die sonst wie artige chinesische Lusthäuser luftig gebaut waren, sind jetzt wie geheime Staatskabinette eingerichtet." Karl Otto von Arnim, genannt Pitt, der Bruder Achim von Arnims, hatte sie eigenhändig ausgestattet. „Pitt durchschaut seines Vaters hinterlassne Correspondence und macht A-Wische, Arnim nimmt die andere Hälfte, die noch weiß und brauchbar ist, um Verse draufzuschreiben." Bettina von Arnim war reich geboren. Arbeit um tägliches Brot kannte sie bis zu ihrer Heirat nicht, und dennoch nimmt sie Wiepersdorf zuerst mit guter Laune. „Arnim hat die neue Kuh mit unserm Frisierkamm gekämmt und hat ihr den ganzen ersten Tag Gesellschaft geleistet", schreibt sie anfangs noch übermütig, bald aber wird sie ruppiger. Das bauerngleiche Leben setzt ihr zu. „Gedenk auch meiner unter Deinen Kühen, weder die braune noch die weiße noch die scheckige ist Dir so innig gesinnt wie ich." Arnim dagegen geht im Landleben auf, und oft ermahnt sie ihn, doch nicht wie eine Vogelscheu-che angezogen übers Feld zu laufen und sich, um Gottes willen, endlich Hosenträger zu kaufen. Ist Achim von Arnim nicht da, leidet sie besonders, doch um ihm nicht zur Last zu fallen, überspielt sie ihre Traurigkeit, denn sie erträgt die Einsamkeit des abgelegenen Guts nur schwer.

„Blumen sind die Liebesgedanken der Natur." Die tröstenden Gartenblumen helfen ihr, das Leben auf

dem Land hinzunehmen, und der Kräutergarten, der Gemüsegarten, der Obstgarten helfen ihr, sie allesamt durchzufüttern, das Gutsleben aber ist ihr verleidet ganz und gar. Einmal noch keimt Hoffnung auf, das Leben auf dem Gut erträglicher einzurichten, denn ihr Bruder, Franz Brentano, des Vaters Erbe, greift ihr unter die Arme. Vom Geld, das er ihr anweist, kauft Achim von Arnim auf den Viehmärkten ein, längst nötige Ausbesserungen an Haus und Hof werden gemacht und in Berlin eine Wohnung angemietet, in der sie den Winter verbringen, denn Bettina von Arnim ist wieder schwanger. „Ich bin nun schon über die Hälfte meines Lebens und sehe wohl ein, dass ich geboren bin zum Dulden, aber nicht zum eigenen freien Bewegen, sosehr ich mich auch in meinen früheren Jahren danach gesehnt habe." Das pulsende Leben in der Stadt tut ihr gut, macht ihr aber auch endgültig klar, dass sie nicht für das Land geschaffen ist. Als Achim von Arnim auf das Gut zurückkehrt, hat sie sich entschlossen: Wiepersdorf ist nicht ihr Leben. Sie bleibt in Berlin. Ihr alter Freiheitswille bricht hervor.

Ein zähes Ringen beginnt. Achim von Arnim versucht, ihr das Leben auf dem Land schmackhaft zu machen, sie lockt ihn in die Stadt. Er glaubt, sie werde bald auf das Gut zurückkommen, sie sucht eine günstige Wohnung und benutzt ihre Schwangerschaft als Ausrede, Wiepersdorf fernzubleiben. Jede Woche schickt er ihr einen Wagen mit so viel Gemüse, Fleisch, Butter, Mehl, dass sie ein Gutteil davon verkaufen kann, um ihre Kasse aufzubessern, er schwärmt von Erdbeeren und Milch, vom Trockenlegen der Moore, von der Heuernte, von der Jagd, sie vom Theater, den Spaziergängen in den Parks, von den Abendeinladungen. Noch sind beider Briefe voller Zärtlichkeiten, doch nicht lange. Er verteidigt bitter sein Landleben, sie ihre Freiheit. Achim von Arnim ist stolz darauf, sie alle mit Wiepersdorf leidlich zu ernäh-

Künstlerhaus Schloss Wiepersdorf. Heute befindet sich hier das Von-Arnim-Museum, für Künstler werden Arbeitsaufenthalte in der historischen Atmosphäre gefördert und vielfältige Kulturveranstaltungen angeboten.

ren, sie wirft ihm vor, er vergeude seine Begabung zu dichten. Der Graben zwischen ihnen wird immer tiefer, denn keiner gibt nach, bis Achim von Arnim die Geduld reißt. Das Gut bringt nicht genug ein, um ihr Berlin noch länger zu bezahlen. Er zwingt sie nach Wiepersdorf zurück, in dem sie sich umeinander mühen, doch die Einsamkeit des Guts macht ihr nach wie vor zu schaffen. Schreibt sie aus Wiepersdorf, versucht sie, den Alltag schönzureden. Sie berichtet von den Knechten, die einen der Söhne anstiften, der Magd unter die Röcke zu kriechen, um sie Gott weiß wo zu zupfen, oder sie erzählt vom Sonntagsgesang in der Kirche mit dem Birnbaum davor, dessen Früchte Totenbirnen genannt werden, weil die Bauern sie beim Kirchgang von den Gräbern lesen, um sie zu essen, und von einem Bauernmädchen, das mit allzu kurzem Rock auf den Altar kletterte und eine Blumengirlande nicht mit einem Nagel an einem Engel befestigt, sondern mit einem Brotmesser, das sie ihm in den Bauchnabel rammt. Rot vor Wut sei der Prediger geworden, vor allem weil das Mädchen seinen blanken Hintern zeigte. Doch die drolligen Dorfschnurren, mit denen sie sich tröstet, helfen nicht, Wiepersdorf auszuhalten, und Bettina von Arnim setzt ihren Kopf durch.

Von 1821 an lebt sie in Berlin, und aus dem Ehescharmützel wird ein Gefecht und aus dem Gefecht eine Schlacht, die beide verlieren. Jahr für Jahr werden sie sich fremder, bis sie sich aufgeben. Bettina von Arnim: „Ich habe die 12 Jahre meines Ehestands leiblich und geistigerweise auf der Marterbank zugebracht." Immer wieder bricht die Sehnsucht zueinander hervor, doch meistens streiten sie. Er rechnet ihr Berlin vor, sie schickt ihm ihre Abrechnungen, um zu zeigen, wie sehr sie knausert. Um Milch zu haben, bittet sie ihn, ihr eine Kuh zu schicken, die fortan in Berlin weidet, und sie mietet immer wieder einen Garten an, um Essensgeld zu sparen. „Im Gemüsegarten Steckzwiebeln, Gurken, Salat, Blumenkohl. Im Blumengarten ist eine solche Fülle von Blumen, besonders Rosenstöcken, dass es im Sommer eine wahre Pracht sein muss, ein großes Maiblumenfeld, eins von Veilchen, dann eins von sehr raren roten Maiblumen, dann Hyazinthenbeete, eine Akazienlaube, eine Jasminlaube, ungemein viel Spanischer Flieder, Feuerlilien, ein Birnbaum mit vielerlei Sorten, weiße Himbeeren, Stachelbeeren, Johannisbeeren, zwischen den Fenstern stehen Linden." Doch recht eigentlich ist das eine Schwindelei, um ihm vorzugaukeln, wie sehr sie geizt. Sie hält ihn hin, und ist Bettina zu Besuch in Wiepersdorf, ist sie froh, wenn er nicht da ist. Er wäre ihr auf dem Gut so nötig, schreibt sie, wie eine große halb erstarrte Schmeißfliege, die sie soeben totgeschlagen, und seit sie ihn nicht mehr vor Augen habe, sei ihr nicht mehr so schwer ums Herz. Sie fangen an, einander auszuweichen, und am Ende sehen sie sich nicht einmal mehr zu Weihnachten. Den letzten Brief an ihn sendet sie am 18. Januar 1831. „Ich küsse Dich von Herzen und mit der Sehnsucht, bei Dir zu sein." Drei Tage danach, am 21. Januar 1831,

Unter den Linden 21: Bettina von Arnims Wohnhaus in Berlin

In den Zelten 5: Bettina von Arnims Wohnung in Berlin, die sie 1847 mietet. Hier entstand Goethes *Briefwechsel mit einem Kinde*.

ist Achim von Arnim tot. Ihre Liebe zu ihm hat sie bei allem Streit nie ganz verloren und sein Tod bringt sie nach Wiepersdorf zurück. Ihre Zeit als Gutsherrin aber ist vorbei.

Weil sie die Freiheit hat, Wiepersdorf fernzubleiben, entdeckt sie das Landgut für sich. Sie muss nicht mehr kommen, sondern sie kann, und so genießt sie fortan das Landleben als Sommerfrische. „Hier spring ich aus dem Bett, wenn der Morgen graut, bleib am Schreibtisch sitzen bis abends 7 Uhr oder auch vier Uhr. Nach Tisch spring ich in den Garten, um mich mit den Geistern zu unterhalten, aber nur zehn Minuten und dann wieder ans Schreiben." Wiepersdorf ist an ihren Ältesten gegangen, der sich weiter müht, das Gut durchzubringen, und kommt sie zu Besuch, packt sie mit an: „Wer da meint, Bettina sei nur eine weltferne Dichterin gewesen, hätte hier sehen können, welch umsichtige und eifrige Haufrau sie sein konnte. Rastlos hatte sie selbst mit tapezieren und malen helfen, die neue Dielung überwacht, Vorhänge aufgesteckt, die Türen mit eigenen Malereien geschmückt." Wirklich gern gesehen aber ist sie nicht. Zu wenig Blätter nimmt sie vor den Mund, zu sehr eckt sie mit ihrem Schreiben an.

Bettina, die Schriftstellerin. Zurück in der Zeit. Frankfurt. Vor ihrer Ehe das Drängen der Familie auf Heirat. Gegängelt, rettet sie sich vor dem drohenden trüben „Mottenfraß der Häuslichkeit" in eine überschwängliche Schwärmerei. Ein paar Gassen von zu Hause sitzt sie bei Frau Rat Goethe, und was diese über ihren berühmten Sohn in Weimar erzählt, schreibt sie mit. Sie himmelt den Fernen haltlos an, noch ehe sie sich kennenlernen. Gut vier Jahre lang schreibt sie ihm vergötternde, doch für ihn zu drängende Briefe, die er oft nicht beantwortet. Schreibt er zurück, dann verhalten. Aus seinen wenigen Briefen aber, aus Erinnerungen an Goethe und den Geschichten der Frau Rat baut sie *Goethes Briefwechsel mit einem Kinde*, der 1835 erscheint, drei Jahre nach

Goethes Tod. Mit ihm hievt sie Goethe und ihre Liebe für alle sichtbar auf einen hohen Sockel. Clemens Brentano fleht sie an, das Buch nicht zu bringen, Gunda Savigny fürchtet um ihren guten Ruf, und einer ihrer eigenen Söhne, der seine Laufbahn gefährdet sieht, freut sich darauf, die Blätter des Buches „kreuzweise" zu benutzen. Bettina wird für unanständig, unsittlich, anstößig gehalten. „Die genialen Weiber böckeln alle." Sie jedoch lässt sich nichts mehr sagen. Fünfzig ist sie, Witwe, Mutter von sieben Kindern und aufrechter und unbeugsamer denn je.

*„Ich bedarf, dass ich meine Freiheit behalte.
Zu was? – Dazu, dass ich das ausrichte und
vollende, was eine innere Stimme mir aufgibt zu tun."*

Das Buch wird ein durchschlagender Erfolg, denn sie schreibt unverhohlen von Sinnlichkeit, Umarmen, Auf-dem-Schoß-Sitzen. Skandal und Sensation – Bettina wird berühmt, die Familie aber straft sie mit Verachtung, obwohl sie vieles wohlweislich gar nicht erst aufnimmt. Goethe, der sie küsst, Goethe, der eine Nacht neben ihr verbringt und eine zweite nicht erlaubt, weil er sich dann nicht mehr beherrschen werde, ist ihre Wahrheit. Seine sieht anders aus. Anfangs fühlt er sich von ihrem Andrängen geschmeichelt. Dann nicht mehr. Noch wenige Jahre vor seinem Tod nennt er sie eine „leidige Bremse". Sein Haus hat er ihr da schon seit Langem verboten, weil sie nach einem Streit die füllige Christiane von Goethe als „toll gewordene Blutwurst" beschimpfte. Weimar lachte – Goethe warf sie hinaus.

Kaum besser ihre Familie, die sich für sie schämt, und doch gibt sie das Buch gegen deren erbitterten Widerstand heraus. Das wird ihr nicht verziehen, und so sucht sie Wiepersdorf nur

Goethe. Gemälde von Joseph Karl Stieler, 1828

Bettina von Arnim. Holzstich von 1859, ihrem Todesjahr

Grabstein der Bettina von Arnim in Wiepersdorf

mehr selten auf. Zu groß ist die Abneigung, die ihr entgegenschlägt. Sie aber hat endlich die „angeschaffnen Flügel" geregt und sie schreibt weiter. Bettina, das Kind, Bettina, die Gattin, Bettina, die Gutsherrin, sind Vergangenheit – Bettina, die Schriftstellerin, hat begonnen. Sie schreibt gegen die Armut an, geißelt den König, führt buckelnde Hofschranzen und selbstherrliche Amtsvorsteher mit messerscharfem Witz vor, nimmermüder Unbeugsamkeit und sprühender Begeisterung. Alles, nur nicht stillsitzen, daran hat sich nichts geändert, nur tapferer ist sie geworden, furchtloser, aber auch rücksichtsloser. Sie fordert, die Ursachen der Armut, nicht ihre Auswirkungen zu bekämpfen, und Bettina von Arnim vergießt keine Tränen, sie handelt, denn sie ist überzeugt, dass Not, Unrecht, Unmündigkeit überwunden werden können, und bis an ihr Lebensende tritt sie nun für die Rechte der Armen ein. Den Kampf um die Freiheit, den sie für ihr eigenes Leben nie aufgibt, führt sie nun nicht mehr allein für sich. Der König herrscht, Bürger und niederer Adel haben ihm nichts dreinzureden. Auch dagegen tritt sie an. Die Rückwärtsgewandten aber haben die Oberhand, auch in ihrer eigenen Familie. Ihr Schreiben ist den königstreuen Landjunkern ein Dorn im Auge, und so wird selbst ihr Nachlass auf dem Dachboden des Gutshauses verräumt werden, um ihn unbeachtet verstauben zu lassen. Je älter sie aber wird, je erschöpfter sie von ihren Kämpfen ist, desto mehr schätzt sie die Lebensruhe auf dem Gut, die sie einst so bedrängt hatte. Sie muss nicht mehr im Garten arbeiten, sie kann ihn genießen. Die Blumen, die Blüten der Kräuter: In dem einst ungeliebten Garten findet sie Frieden. Sie söhnt sich aus, mit sich, mit ihren Kindern, mit Wiepersdorf, und sooft sie auf dem Gut ist, in den Jahren, die ihr noch bleiben, umfängt sie das Sehnen der Erinnerung an den Verlorenen. „Diese treffliche Einsamkeit macht mich glücklich." In der ländlichen Abgeschiedenheit des Gutes findet sie trotz aller Ablehnung immer wieder Frieden. Auch ihren letzten. Ein Schlaganfall lähmt ihr Hände und Füße. Sie erholt sich, dann ein zweiter Schlag, den sie abermals zäh bekämpft. Obwohl ihre rechte Seite taub ist, lernt sie das Gehen wieder, doch sie spricht kaum noch. Still ist sie, und nur wenn von Goethe oder Achim von Arnim die Rede ist, lächelt sie. An ihrem Todestag sind fast alle ihre Kinder bei ihr. Sie wird so gelegt, dass sie eine Goethebüste und ein Bild Achim von Arnims sieht. Ihr Blick geht von einem zum andern. Ihr Totenbett steht in Berlin, begraben aber wird sie in Wiepersdorf neben Achim von Arnim. Das prächtige Gutshaus mit der Freitreppe, die Statuen des Gartens, der Landschaftspark, die Orangerie mit ihren Palmen – das meiste kam nach ihr. Und doch: Wiepersdorf, das ist Achim und Bettina von Arnim und ihre Gräber im Schatten der Gutskirche.

Annette von Droste-Hülshoff

(1797 – 1848)

Pflanzt auf meinem Grab
Rosen so bleich

Jugendbildnis von Annette von
Droste-Hülshoff, um 1815

Die Droste: Anna Elisabeth, Annette, Freiin von Droste zu Hülshoff. 12. Januar 1797 bis 24. Mai 1848. Das Rüschhaus, in dem sie viele ihrer Jahre fristet: halb Bauernhof, halb Herrenhaus. Ein von Grabenwasser umflossener Gräftenhof nahe Münster. „Klein wie ein Mauseloch – aber doch sehr lieb!" Im Spätsommer 1826 zieht Annette von Droste-Hülshoff ein, mit Mutter und Schwester. Sie bleibt für gut zwanzig Jahre. Das Rüschhaus wird ihre Einsiedelei, die sie mal verflucht, mal liebt, ihr Leben lang. „Die Eichen draußen so feucht und schaurig, dass einem grauen sollte, und doch dünkt mich, ich wüsste mir nichts Lieberes als hier – hier – nur hier!" Ein stilles Leben, einsam, beschaulich. Doch zu beschaulich oft. Einzig der Garten ist ihr Trost in der Landeinsamkeit. „Es ist jetzt so schön hier. Der ganze Garten umbuscht von Syringen, drei, vier Nachtigallen zugleich, womit soll ich euch denn noch den Mund wässrig machen, damit ihr kommt?" Tag für Tag für Tag meist in drei gedrückten Zimmern im eigens eingezogenen Zwischengeschoss, dem Entresol, der „Hille" über dem Stall: das eine ihre Schlafkammer, das andere ihr „Schneckenhäuschen", ihr „Dachsbau", das Wohn-, Musik-, Schreibzimmer, in dem *Die Judenbuche* entsteht, Gedichte, Balladen, Fragmente. Die Pferde darunter wärmen die Kammern leidlich, im Winter bullert ein Ofen. Die dritte Kammer hat sie ihrer einstigen Amme gegeben, die sie zu sich holte, um sie bei sich zu haben. Sie kümmert sich um sie bis zu deren Tod. Ihr verdankt sie das Leben. Die Droste ist, Wochen zu früh geboren, klein, zierlich, anfällig. Sie sieht kaum. Schreiben kann sie nur dicht übers Blatt gebeugt. Zeitlebens erkrankt sie ständig. Zahnschmerzen, Kopfschmerzen, der Magen, die Augen – kaum einer ihrer Briefe, in dem sie nicht über ihre Gebrechen klagt.

Haus Rüschhaus, von der Gartenseite aus gesehen. Ab 1826 war es Witwensitz der Mutter Therese von Droste-Hülshoff und ihrer Tochter Annette.

„Hier ist der Welt Ende."

Tisch, Stühle, nach innen ein Fenster zur Küche, „Auge des Herrn" genannt, nach außen vier Fenster zum Wald. Die öden Tage zu füllen, sammelt sie Stiche, Gesteine, Münzen. Viel hat sie nicht. „Ein großes, altmodisches, mit schwarzer Serge überzogenes Kanapee, ein braun angestrichener Tisch, ein paar Rohrstühle und ein altes Klavier, dem man zuweilen anhörte, dass der Stimmer fernab in der Stadt wohnte, bildeten die Einrichtung; es konnte nichts geben, was mir geeignet war, die allereinfachsten Lebensgewohnheiten anzudeuten." Hinter dem Gutshaus eine verwitterte Steintreppe zum einst barocken Garten hinab, in dem sie an lauen Abenden bis spät in die Nacht hinein auf einer Bank sitzt. Der Garten ist ihre Liebe, das Landleben nicht. „Es war ein still und sonnig Fleckchen, wo tausend Anemonenglöckchen umgaukelten des Veilchens Duft." Feuer, Wasser, Erde, Luft: Die vier Steinfiguren sind vom barocken Garten geblieben. Bevor sie einzog, war der Barockgarten beseitigt, statt ihm der Bauerngarten eines Gutshofes angelegt worden. Obstbäume, Birnen, Äpfel, zwischen Blumeninseln und Sandwegen Beete für Gemüse und Kräuter: ein Nutzgarten, das tägliche Leben zu fristen. Keine streng geführten Wege mehr, keine gezirkelten Blumenbeete, ein Landschaftsgarten, eher verwildert denn geordnet. Lauben, üppige Staudenbeete von Fliederbüschen überragt: lieblich und lauschig und fern der Welt. Viel zu fern für sie: Ihr Sitzen im Garten, den Blick in die Weite, ist ihre Flucht in den vergeblichen Traum von Freiheit, den der Alltag ihr entzaubert.

Pisang mit den breiten Blättern,
China-Rose, blutig rot,
Winden, die um Palmen klettern,
Kaktus, der mit Pfeilen droht;
könnt ihr euch um mich vereinen,
dann bin ich in Indiens Hainen!
Hat ein Zauber mich gebannt
in des Morgens Fabelland? –
Doch nicht lang soll Täuschung währen,
Regen lässt auf Glas sich hören,
scharfer Wind fällt schneidend ein:
Ein Gewächshaus war mein Hain,
und mein Indien liegt in Rüschhaus.

Clemens August II. von Droste-
Hülshoff, Annettes Vater

Annette von Droste-Hülshoff

Therese Luise von Droste-Hülshoff,
Annettes Mutter

Regen auf Glas: Pisang, Banane, China-Rose, Päonie oder Orangen mit Gewächshäusern
zu schützen, ist noch selten. Das war Schlössern vorbehalten, nicht Landgütern. Anders im
Rüschhaus: Auf Wunsch der Schwester steht ein steinernes Gewächshaus fensterdurchbrochen
im Garten. Die fremdländischen Pflanzen wachsen hinter Glas, abgetrennt von der rauen Welt.
Und so auch die ersten Blüten des Schreibens der Annette von Droste-Hülshoff. „Auf nichts
weniger deutete die ganze Umgebung als darauf, dass hier eine ‚schriftstellernde Dame' wohne.
Zwischen alten Musikalien auf dem Klavier fanden sich wohl einige zerknitterte und wieder
glatt gestrichene Bogen Papier, auf die nötigenfalls eine Idee, eine Notiz, auch ein Gedicht
gekritzelt werden konnte; bei genauerem Suchen hätten sich auch ein paar ältere Gänsekiele
vorgefunden, die noch im Laufe des letzten Jahres frisch geschnitten waren, und ein Tintenfass,
das ganz das Ansehen hatte, als ob es schmachtend und nach einer kleinen Auffrischung lech-
zend aus seinem schwarzen Auge blickte." Ein ärmliches, oft verzweifelndes Leben, bescheiden
und zurückgezogen, und doch vom Gutshof geborgen umschlossen, geschützt wie die Blumen
vom Glas des Gewächshauses.

Das Rüschhaus: das gebrochene Idyll der Annette von Droste-Hülshoff. Durch die Jahrhunderte stecken Adelstöchter im Mieder des guten Benehmens. Wer das Korsett ablegt, den trifft
der Bann. Gesittet müssen sie sein, schamhaft, züchtig, brav, keusch. Wer die Benimmregeln
bricht, wird ausgestoßen. Nur ein Schritt über die Grenzen des wohlgefälligen Betragens hinaus:
Zischeln, munkeln, üble Nachrede, schuldig bei Verdacht, und ist der gute Leumund einmal
dahin, dann unwiderruflich. An Heirat ist dann nicht mehr zu denken. Unverheiratete gelten als

unnütze Esser am Tisch, die durchgefüttert werden, gerade eben so, mehr steht ihnen nicht zu. Die Ehe ist auch der ihr zugedachte Lebenssinn – der sich ihr nicht erfüllt. Sie ist fast dreißig, als sie ins Rüschhaus kommt. Das Heiratsalter hat sie längst überschritten – weil sie der Bann getroffen hatte. Vor ihrem Rüschhausleben ihr Fehltritt, der keiner war. Ihr war übel mitgespielt worden. Sie war ins Rüschhaus abgeschoben worden. Aufbegehren ausgeschlossen. Ihr Leben lang unterschreibt sie Briefe an die Mutter mit „Deine gehorsame Tochter". Der Garten des Rüschhauses ist ein Bild ihres Lebenstraumes: kaum gezähmtes, wucherndes Grün, frei zu wachsen, zu blühen, zu gedeihen. Sie dagegen: beschnitten und zurechtgestutzt von Anfang an.

Ein Blick zurück in der Zeit: Von früh an kränkelnd, ist ihr alles untersagt worden, das sie hätte aufregen können. Noch mit fünfzehn wird ihr entschieden verboten, Schiller zu lesen, der als aufrührerisch gilt. Täglich an die Luft, andauernd zur Messe, sticken, häkeln soll sie. Sie wird streng erzogen.

Rastlos treibt's mich um im engen Leben
und zu Boden drücken Raum und Zeit.
Freiheit heißt der Seele banges Streben.

Freiheit ist ihr nicht gegönnt. Das staunende, aufgeweckte, geistreiche Mädchen entspricht so gar nicht dem erdigen Landadel. Sie gilt als reichlich verstiegen. Sie liest viel, sie dichtet, sie erzählt gern. Mit Sagen, Liedern, Märchen kennt sie sich aus. Bei ihren Bökendorfer Verwandten trifft sie Wilhelm Grimm, dem sie Märchen zuträgt. Vom Bökerhof nimmt er *Die Bremer Stadtmusikanten* mit. Die Oper und das Theater begeistern sie. Selbst darf sie nicht spielen. Ihre Rolle ist eine andere: ein wenig singen, ab und an ein Gedicht hübsch vortragen. Fräulein darf sie sein, das reicht. Mehr gehört sich nicht. Ihr Schreiben ruft daher argwöhnischen Spott hervor, durch den Annette von Droste-Hülshoff verschlossen wird, scharfzüngig und bissig, spröde und unbeliebt und leidend. Unglück macht sie krank. Immer.

Der deutsche Literaturwissenschaftler und Märchenerzähler Wilhelm Grimm in einer zeitgenössischen Darstellung. Gemeinsam mit seinem Bruder Jakob veröffentlichte er zahlreiche Werke, darunter die zweibändigen Textsammlungen *Kinder- und Hausmärchen* und *Deutsche Sagen*.

Bäder helfen ihr. „Was Leib- und Magenschmerzen und Übligkeiten, womit ich sonst so oft geplagt war, anbelangt, so weiß ich fast nicht mehr, wie sie tun. Auch das Kopfweh hat sich sehr gelegt." Jahre vor Haus Rüschhaus wird sie in Bad Driburg behandelt, wo sie Heinrich Straube trifft. Zarte Bande entstehen, die erst belächelt, dann hintertrieben werden. Straube, ein Bürgerlicher, ein Protestant. Annette von Droste-Hülshoff, katholisch, adelig. Beide zusammen? Unerhört! Ihr wird eine Falle gestellt. Eine unerbittlich gnadenlose Verschwörung der Bökendorfer. Allen voran: Anna von Haxthausen, die den stramm gläubigen August von Arnswaldt dazu bringt, der Droste den Hof zu machen. Er umgarnt sie und gibt der unscheinbaren Jungfer das Gefühl, begehrenswert verführerisch zu sein. Mit Erfolg. „Wenn Arnswaldt mich nur berührte, so fuhr ich zusammen." Ihre Verwirrung legt sich rasch, doch zu spät. Arnswaldt ist zu Straube geeilt, ihren sittenlosen Leichtsinn anzuprangern. Beide sagen ihr gemeinsam ab.

Abend naht und der andere Tag,
weh mir, wie bin ich betrogen!

Sie ist bloßgestellt auf immer. Keiner will sie mehr haben. Geheiratet hat sie nie. August von Arnswaldt hingegen schon: Anna von Haxthausen.

Annette von Droste-Hülshoff zieht sich darauf beschämt zurück. Die gefühllose, schäbige Hatz durchschaut sie. Aussprechen darf sie das nicht. Sie zeigt gute Miene zu bösem Spiel. Sie gilt als gefallenes Mädchen, scheel angesehen auch auf Burg Hülshoff, in der sie eher verbannt als geborgen zu vergessen sucht. Nach Heinrich Straubes Tod fand sich bei ihm eine Locke der Droste, die er sorgsam aufbewahrt hatte. Die Droste meidet fortan Bökendorf achtzehn Jahre lang. Als sie dann doch zurückkehrt, gibt ihr der Anblick der hofumstehenden Eiben *Die Taxuswand* ein. Auch sie hat Straube nicht vergessen.

Als mein die Krone hier,
von Händen, die nun kalt;
als man gesungen mir
in Weisen, die nun alt;
Vorhang am Heiligtume,
mein Paradiesestor,
dahinter Alles Blume,
und Alles Dorn davor.

Denn jenseits weiß ich sie,
die grüne Gartenbank,
wo ich das Leben früh
mit glühen Lippen trank,
als mich mein Haar umwallte
noch golden wie ein Strahl,
als noch mein Ruf erschallte,
ein Hornstoß, durch das Tal.

Das zarte Efeureis,
so Liebe pflegte dort,
sechs Schritte – und ich weiß,
ich weiß dann, dass es fort.
So will ich immer schleichen
nur an dein dunkles Tuch
und achtzehn Jahre streichen
aus meinem Lebensbuch.

Verschiedene Ansichten der Burg Hülshoff im Münsterland,
dem Geburtsort von Annette von Droste-Hülshoff

Schreiben hilft ihr. Die Natur ist ihr der Spiegel der Gefühle.

Tiefes, ödes Schweigen,
die ganze Erd' wie tot!
Die Lerchen ohne Lieder steigen,
die Sonne ohne Morgenrot.
Auf die Welt sich legt
der Himmel matt und schwer,
starr und unbewegt,
wie ein gefrornes Meer.

Ihre Not, ihre Ohnmacht, Trostlosigkeit, Trauer, Untergang, ihre Verzweiflung klingen in den geistlichen Liedern an, die sie schreibt. Gedichte zwischen Leichengeruch und Weihrauchdampf. Sie sollen erst nach ihrem Tod erscheinen, so ihr Wille. Zu viel hat sie hineingegeben. „Der Zustand meines ganzen Gemütes, mein zerrissenes schuldbeladenes Bewusstsein liegt offen darin." Sie ringt um ihren Glauben, den an Gott und den an die Menschen.

O Glaube!, wie lebendgen Blutes Kreisen,
er tut mir not;
ich hab ihn nicht.

Die kreuzbrave katholische Heimatdichterin, als die sie ausgegeben wurde, ist sie nie gewesen. Und sie wird abrechnen mit dem Land, seinem Volk, der Boshaftigkeit, die sie tief getroffen hat.

Reisen helfen ihr. Von der Enge in die Weite: Ist sie weg, erholt sie sich. Jedes Mal. So auch in Köln, in dem am 17. Oktober 1825 der erste deutsche Rheindampfer vom Stapel läuft. Eine Höllenmaschine, die gefeiert wird mit türkischer Musik und Kanonenfeuer. Alle Trübsal verfliegt. Annette von Droste-Hülshoff blüht auf. Heiter unbeschwerte, leichtlebig tolle Tage. „Es geht mir hier übrigens sehr gut. Köln ist im Winter äußerst angenehm. Ich habe einige Bälle besucht, wo ich aber den Leuten den Aberglauben, dass ich von wegen meiner subtilen Figur gut tanzen müsste, gelassen habe, nämlich dadurch, dass ich gar nicht getanzt habe, als allenfalls einmal herumgewalzt." Das Fräulein vom Land ganz Dame, und um angemessen aufzutreten, bekommt sie ein Ballkleid geschenkt. „Ein sehr schönes Ballkleid, nämlich weiß atlassenes Unterkleid und petinet Überkleid, sehr schön mit Blumen besetzt, dann ein Paar sehr schöne

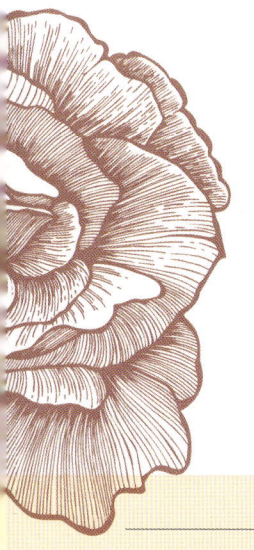

Annette von Droste-Hülshoff auf der Meersburg am Bodensee: „An des Balkones Gitter lehnte ich und wartete, du mildes Licht, auf dich." Holzstich nach einer Zeichnung von Theobald von Oer

Bracelets mit Amethysten." Die Gefallene beginnt sich wieder selbst zu achten. Sie hebt an, sich dem altbackenen Gehabe zu widersetzen, von dem sie umstellt ist. Sie zerrt an den Ketten, die ihr angelegt sind, das aber wird nicht hingenommen. Sie wird zurechtgewiesen und sie muss gehorchen, abhängig wie sie ist. Der freizügige Trubel hat ein Ende. Ihre Reise wird beendet. April 1826: Ankunft auf Hülshoff. Juli 1826: Tod des Vaters. September: Einzug ins Rüschhaus. Aus der Weite in die Enge: Alle Übel kehren wieder.

Auf Burg Hülshoff, auf der sie aufgewachsen ist, darf sie nicht bleiben. Das Gut geht an den Ältesten. Erbe wird nicht geteilt, Töchter gehen leer aus. Eine beschränkte Leibrente wird ihr zugestanden, die für ihr Auskommen hinreicht, um ein Leben nicht unter Stand zu führen. Therese Luise, ihre Mutter, hat das nahe Burg Hülshoff erworbene Rüschhaus als Witwensitz genommen. Ein Gutshaus mit fünf Katen. Ihre ledigen Töchter müssen sie begleiten. Sie unterstehen ihrer Aufsicht. Neben Annette mit dabei: Maria Anna, genannt Jenny. Und mit dabei: die Blumen ihrer Kindheit. Doch sie gedeihen nicht. Die schützende Hecke, die den Garten umfriedete, wurde zu ihrem argen Unwillen auf Weisung der Mutter weggenommen, ohne sie zu fragen. „Alle meine guten Pflänzchen, die ich selber von Hülshoff in einem Korbe so schwer getragen habe, alle meine Pulmonaria, Löwenmäulchen, Vinca sind hin! Sie standen an der Hecke – ich habe mich an diese Blumen, von Kindheit an, so gewöhnt, dass ich meine, ohne sie sei es nur halb Frühling." Das Rüschhaus gehört nicht ihr, und doch lernt sie mit den Jahren das Rüschhaus als ihre Zuflucht zu sehen, trotz aller Plagen der Landeinsamkeit.

„Ich denke mit großer Liebe an Rüschhaus, an seine Räume, und wie sehr an seine Waldgegend und Haide und Wasserblumen und seine tausend Insekten, Vögel, Katzen und Hunde und Hühner."

Besucher schätzen das Ländliche des Guts. Annette von Droste-Hülshoff nicht. Anfangs nicht. Bei Regen Schlamm, Misthaufen vor dem Tor zur Tenne: Sich in das Alltagsleben einzugewöhnen, fällt ihr schwer. Eine Magd, eine Kammerjungfer, eine Köchin, der Knecht: Selbst schuften muss sie nicht, und das Landgut, zu dem das Rüschhaus gehört, bringt das Nötige her-

Annette am Fenster ihres Turmzimmers auf der Meersburg. Zeichnung von Jenny von Lassberg, der Schwester der Dichterin, 1846

Das „Schneckenhäuschen", das Arbeitszimmer der Dichterin.

vor. „Wir haben Obst in Überfluss, auch Kartoffeln und Gemüse ist gut geraten und das Korn gut zu Hause gekommen. Wir haben auch ein Viertel von einem Rinde gekauft und eingesalzen, und das Schweinchen nimmt gut zu. Kurz, es ist alles, wie es muss in einer wohlgeordneten Haushaltung." Brot wird gebacken, Flachs gesponnen, das Obst eingemacht, das im Garten wächst. „Im Garten ist alles grün, Erbsen, Melle, Spinat, Bohnen, Stengelrüben." Geschlachtetes wird im Kamin geräuchert, dem „Westfälischen Himmel", der den Salzkasten trocken hält. Salz war teuer. Die Schinken hängen für die Droste hoch. „Bei Tage lese ich, schreibe ich, ordne meine Sammlungen, gehe spazieren und stricke Strümpfe ab. Abends zünde ich kein Licht an vor dem Essen, sondern sitze solange beim Feuerschein. Mein Essen besteht mittags aus Suppe, wie die Leute sie essen, Pellkartoffeln und Leber, die ich den Sonntag warm und die übrigen Tage kalt esse. Abends Warmbier und Butterbrot mit Käse. Es ist ein Glück, dass ich immer dasselbe essen kann." Genügsam zu sein, kommt ihr entgegen. Die Droste bestreitet ihr wie ihrer Amme Kostgeld von dem wenigen, was sie hat, und doch unterstützt sie Bedürftige. Heimlich. „Sonst krieg ich noch einen tüchtigen Rabuff dazu, dass ich mein Geld auf die Zäune hänge." Die Schonkost aber tut ihr gut. Heftige Kopfschmerzen, die Augen, wenig Schlaf, der Magen – das dürftige Essen lindert ihre Gebrechen.

„Wir leben so still, so ganz ohne Abwechslung und Vorfälle." „Mir ist seit zwei Monaten nicht für eines Hellers Wert passiert. Ich habe nichts akquiriert, habe nur die ordinärsten Leute, unter den ordinärsten Umständen, gesehn." „Von meinem hiesigen Leben kann ich Ihnen wenig

sagen – Sie sehen Einen Tag, damit haben sie Alle gesehen." „In der Kirche, schlechtes Wetter, alle Birnen ausgepresst, alle Pflaumen gebacken, nichts für mich zu schnabelieren." „Jetzt hat sich mir der Krankheitsstoff wieder auf den Kopf geworfen, der mir den ganzen Tag summt und siedet wie eine Teemaschine – Ohr – Zahn – Gesichts – Schmerz – Ich möchte mich zuweilen wie jener Halbgeköpfte [Kindermärchen von Grimm] bei den Haaren nehmen und mein weises Haupt in den Fischteich unter meinem Fenster werfen, wo es ihm wenigstens kühl werden würde." „Alles wie immer."

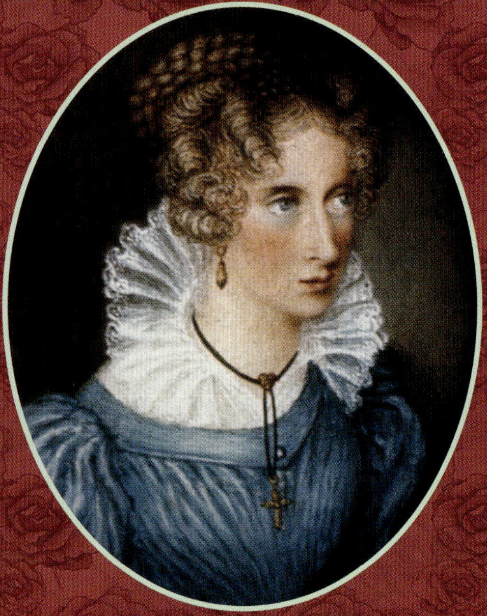

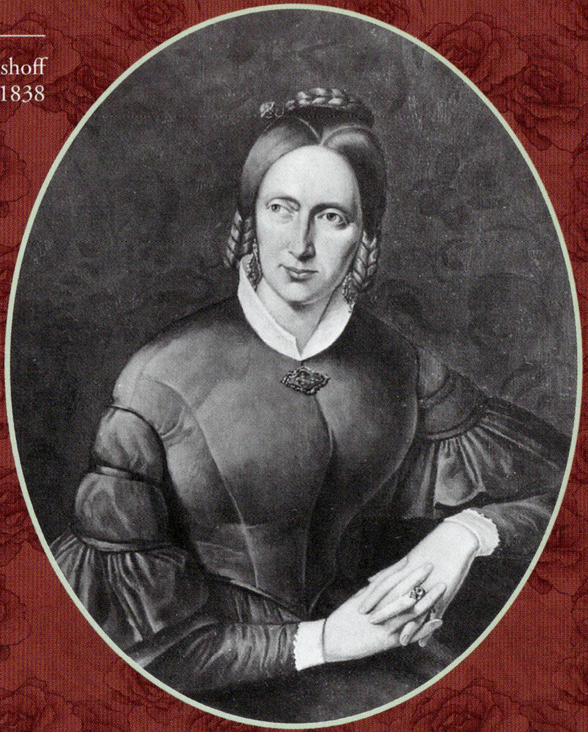

Zwei lange Jahre, ehe sie abermals reisen darf. 1828 wieder an den Rhein. 1830 nochmals der Rhein.

Zurückgekehrt ins Rüschhaus, lebt sie noch abgeschiedener als je. Ihre Schwester heiratet und zieht fort, und auch die Mutter ist nur mehr selten da. Annette von Droste-Hülshoff lenkt den Haushalt und führt das Gut allein. Und mit Geschick: „Wir haben unser Korn alle glücklich eingekriegt und auch den Weizen noch vor der Regenzeit in die Erde. Jetzt haben wir die Kartoffeln aufgenommen und ziemlich viele und gute bekommen. Pflaumen haben wir viele gebacken und ein Übermaß von Äpfeln eingescheuert." Ihre Bienen liefern den Honig,

48

die Gräfte um den Hof den Fisch. Ein Gast: „Wenn bei sommerlicher Schwüle die Libelle von Schilf zu Schilf über dem Graben gaukelt, hört man das Schwirren ihrer goldschillernden Flügel; man hört das Schnalzen des Fisches, der sich im Wohlbehagen über seinen Wasserspiegel in die Höhe schnellt." Und dennoch: Sie, die Überflüssige, die vertrocknete Jungfer, wünscht sich fort, doch dafür reicht mal der „dünne Beutel" nicht, mal liegt sie danieder. Ist sie krank, ist selbst die Wegstunde nach Hülshoff zu anstrengend. Besuch ist ihr erwünscht, doch der kommt selten, und oft wartet sie vergeblich, Ausschau haltend im Garten auf ihrer Bank unter den Eichen. „Ich konnte es denn doch nicht lassen, mit meinem Fernrohr zu meiner Bank zu wandern, und das Herz klopfte mir ordentlich, als ich etwas durch den Schlagbaum kommen sah – es war aber nur ein schäbiger Bauer mit seinem noch schäbigerem Hunde." Nur wenig durchbricht ihre Einsamkeit. Den Bauernkindern erzählt sie Geschichten, sonntags kommt der Pfarrer, um am Klappaltar im Gartensaal die Messe zu lesen. „Von Münster führte der Weg über eine versandete öde Landstraße, die man sich gern durch Umwege zwischen Wiesen und Wald erleichterte. Dann schritt man über eine mittelalterliche Zugbrücke in den stillen großen Garten, wo bemooste Statuen Wache zu halten schienen, geheimnißvoll die dunklen Taxuswände schatteten und die Blumen zwanglos, wild, üppig durcheinanderwuchsen. An der Freitreppe wucherte Gras und Unkraut zum Beweise, dass selten ein menschlicher Fuß sie betrat." Das Rüschhaus, ihr *Haus in der Heide*:

Seitab ein Gärtchen, dornumhegt,
mit reinlichem Gelände,
wo matt ihr Haupt die Glocke trägt,
aufrecht die Sonnenwende.

Und drinnen kniet ein stilles Kind,
das scheint den Grund zu jäten,
nun pflückt sie eine Lilie lind
und wandelt längs den Beeten.

„Ich war gestern bis zehn im Garten, Sie glauben nicht, wie mild es war, wie duftig, dabei so sternenklar wie im Winter – ich saß auf der Bank am Hause, ließ mir von den Nachtigallen vorsingen."
Der Garten hilft ihr, die Weltferne auszuhalten.

„Ich genieße jedes Abendrot, jede Blume im Garten wie eine Sterbende."

Den Garten selbst zu bestellen, ist sie zu oft zu krank, und mit Hacke und Schaufel zu graben, ziemt sich nicht für eine Dame von Stand, doch sie hat ein Auge auf ihren Garten. Ein Gärtner bestellt die Beete, unter ihrem wachsamen Blick recht, ohne ihn schlecht. „Für den Garten habe ich auf meine eigene Hand den Gärtner hier gehabt, auch die Blumenbeete etwas düngen lassen und Blumensamen gekauft. Leider konnte ich wegen meiner Grippe nicht selbst nachsehen, und da hat der Patron, statt den Samen überall zu verteilen, auf jedes Beet eine Sorte gesetzt. Nun! Es wird doch wenigstens etwas Blühendes da sein, denn von den Samen geht schon manches auf." Die Blumen, der Schatten der Bäume, um zu rasten. „Du bist immer schön, Natur!" Der Garten ein Ruheort, den sie zu einem Schreibort macht, wie ihre Kammer im Haus. „Auf dem braunen Tisch standen stets Porzellanschalen, gefüllt mit frischen Feldblumen und Haidekräutern; ein Schreibzeug hatte kümmerlich zwischen ihnen Raum; Briefcouverts und Papierschnitzel lagen daneben und wurden zu Konzepten der herrlichen Gedichte benutzt; sie waren völlig unleserlich mit den kleinsten eigensinnigsten Buchstaben bekritzelt, eine Runenschrift, die von der Schreiberin selbst kaum entziffert werden konnte." Ihr Schreibtisch steht noch im Haus, ihr Tintenfass, ihr Klavier. Sie ist begabt für die Musik, vertont Gedichte. Ihre schwachen Augen, die ständigen Leiden, die alten Beschwerden: Mühsam ringt sie sich Vers nach Vers ab. Die Mutter: fort. Die Schwester: fort. Erschöpft oder nicht: Das Gut frisst an ihren Tagen. Annette von Droste-Hülshoff, der „Ackergaul", von morgens früh bis abends spät. „In der Tat, ich war dessen so gewohnt, dass ich nicht muckste, in der Hälfte eines Verses abzubrechen, was mich manchen guten Gedanken oder manchen eben gefundenen Reim gekostet hat." Trotz Krankheit und Anstrengung – sie schreibt, und mit den Geschichten zwischen Glauben an Erlösung und der Angst vor dem Untergang schreibt sie sich frei von der Alltagslast und frei vom Gängelband der Familie.

Meine Lieder werden leben,
wenn ich längst entschwand.

Einzig ihrer Schwester vertraut sie sich an, um deren Pflanzen sie sich kümmert, die sie ihr gelassen hat. Beide hatten den Rüschhausgarten geliebt, in dem sie nun allein sitzt. „In jedem

Annette von Droste-Hülshoff angelnd am Bodensee, gemalt von ihrer Schwester Jenny. Aquarell, um 1845

Baume ein Nest, auf jedem Aste ein lustiger Vogel, und überall eine Frische des Grüns und ein Blätterduft, wie dieses anderwärts nur nach einem Frühlingsregen der Fall ist."

Im Garten zu sitzen, ist ihr ein Segen, dann aber – ein Niederschlag. 1835: Eine Reise in die Schweiz. Die Berge begeistern sie. Wälder, Quellen, Wiesen, die sie wie keine sonst schilderte, regen sie an. Wieder im Rüschhaus, zehrt sie von der Erinnerung, die sie in Gedichte gießt, und sie wagt sie herauszugeben. Das Urteil der Familie wie gewohnt: „Die erste Stimme erklärte alles für reinen Plunder, für unverständlich, konfus, und begreift nicht, wie eine scheinbar vernünftige Person solches Zeug habe schreiben können. Nun tun alle die Mäuler auf und begreifen alle miteinander nicht, wie ich mich habe so blamieren können." *Gedichte von Annette Elisabeth v. D... H...*, gedruckt 500, verkauft 74. „Die Sache ist und bleibt mir schimpflich."

Sie aber lässt sich nicht mehr einschüchtern. Ihre Gutsarbeit hat ihr die eigene Lebenstüchtigkeit bewiesen. Sie schreibt weiter. Im Rüschhaus vor allem *Die Judenbuche. Ein Sittengemälde aus dem gebirgichten Westfalen*, die Geschichte vom Aufstieg und Fall des Judenmörders Friedrich Mergel, der sich an dem Baum im düsteren Brederholz erhängt, bei dem sein Opfer gefunden wurde. Schon sein verkommener Vater war in dem Holz in einer rauen, stürmischen Winternacht besoffen erfroren. Seitdem ausgestoßen, wächst der verspottete Friedrich Mergel verwahrlost in dem erbärmlichen Weiler auf, der für gewaltsamen Holz- und Wildfrevel verrufen ist. Mergel begreift: Der Starke hat die Macht, der Schwache wird erbarmungslos geächtet. Er macht sich darum mit den Holzdieben gemein. Mitschuldig an der Ermordung des Försters, wird der gefürchtete Friedrich Mergel bewundert. Endlich ist er wer. Doch er ist eitel. Als der Jude, bei dem er für seinen Putz in der Kreide steht, ihn vor aller Augen mahnt, ist Mergel gnadenlos dem Hohn des Dorfes preisgegeben, in dem der Schein alles ist. Er lauert ihm auf, bringt ihn um und flieht. Nach langen Jahren in der Sklaverei findet er unerkannt als armseliger Krüppel heim, um, von seinem Fluch getrieben, in den Brederwald zu gehen. Sein Dorf ist kein verklärter Himmel, sein Dorf ist eine mitleidlose Hölle, in der Opfer Täter werden und Täter Opfer, die einen wie die anderen ausweglos gefangen in einer unbarmherzigen Sippschaft, die alle verfemt, die anders sind als sie. Keine Wärme, keine Liebe, nirgends: Die Droste hatte abgerechnet. 1841 schließt sie das Buch ab.

Das Schreiben aber erschöpft sie. Sie flieht das Rüschhaus immer öfter. Die Jahre, die ihr noch bleiben, sind Reisejahre. Meist an den Bodensee auf die Meersburg zu ihrer Schwester. in deren Nähe sie sich mitsamt Weinberg das wohlfeile „Fürstenhäusle" zulegt, in das sie sich zurückzieht, um zu schreiben. Die Droste wird knapp gehalten, arm aber ist sie ihrem Stand gemäß nicht. Das alte Spiel: Reist sie, lebt sie auf und das Schreiben fällt ihr leichter. *Am Turme*, *Im Moose, Heidebilder, Fels, Wald und Se*e – und *Der Knabe im Moor* entstehen.

O schaurig ist's übers Moor zu gehn,
wenn es wimmelt vom Heiderauche,
sich wie Phantome die Dünste drehn
und die Ranke häkelt am Strauche,
unter jedem Tritte ein Quellchen springt,
wenn aus der Spalte es zischt und singt,
o schaurig ist's übers Moor zu gehn,
wenn das Röhricht knistert im Hauche!

Nüchtern spiegelt ihr Schreiben ihr schmerzliches Altern, sie betrachtet Vergangenes, sie erinnert sich ihrer enttäuschten Liebe. Blühend gibt sie das Land wieder, das sie lebenslang umgeben hat. Das grausam Unheimliche in Heide oder Sumpf verkennt sie dennoch nicht. Hinter der lebendig strotzenden Natur sieht sie stets auch deren alles verschlingende Gewalt. „O schaurig war's in der Heide!"

Zwischen den Reisen: „Rüschhaus in seiner bekannten melancholischen Freundlichkeit, im Garten die letzten Rosen, die mich immer rühren." Sooft sie aber zurückkehrt, peinigen sie ihre beinah schon vergessenen Leiden. „Ich werde leider täglich mehr zur Fledermaus, zwischen Licht und Dämmerung, das ist meine rechte Zeit." Nur langsam rafft sie sich auf, ihre Gedichte ins Reine zu bringen „mit der eigenen Pfote". Und doch folgt weiter Vers auf Vers. Ihre Balladen, ihre Naturbetrachtung, ihr Naturempfinden – sie machen sie berühmt. Fast wider Willen. Die Droste: „Ich mag und will jetzt nicht berühmt werden, aber nach hundert Jahren möcht ich gelesen werden." Der Erfolg aber kommt zu spät. Annette von Droste-Hülshoff wird immer schwächer. Die ständigen Leiden haben sie ausgezehrt. „Da war Rüschhaus gar kein liebes heimliches Winkelchen mehr. Ich sah den ganzen Tag nur die niedrigen Balken meines Schlafzimmers." Sie ist zurückgelassen worden wie so oft. „Ich mutterseelenallein darin, fiebernd und würgend. Bedurfte ich etwas Unvorhergesehenes, so musste ich aus dem Bette klettern und mir selber Rat schaffen oder, wenn ich grade im Fieberschweiß lag, geduldig aushalten bis zur Erlösungsstunde." Noch einmal quält sie sich fort. Ein letztes Mal. „Ich war schrecklich elend und wünschte auch gar nicht, wieder besser zu werden, nur tot! tot!" Ihren Garten am Rüschhaus sieht sie nicht wieder. Tod und Grab am Bodensee. 24. Mai 1848: Bluthusten, dann ein Herzschlag.

Ach und wenn gleich
mein armes Herz zu weich
muss brechen in der liebe Schmerzen,
pflanzt auf mein Grab liebende Herzen,
Rosen so bleich.

Meersburg
am Bodensee.
Farblithografie
von Johann
Andreas Pecht

Elizabeth von Arnim

(1866 – 1941)

Was bin ich für eine glückliche Frau, dass ich in einem Garten lebe

Elizabeth von Arnim, 1931

Die sieben Spiegel der Lady Frances:
„Das Leben ist ein Spiel, in dem jeder am Ende als Verlierer dasteht, sagte sie sich.

Man mag wohl eine Zeit lang immer gewinnen, wie sie andauernd gewonnen hatte, und dann verliert man wahrscheinlich im selben Verhältnis, in dem man gewonnen hatte. Würde sie eines Tages wohl selbst so werden? So alt, dass sie sich von einem Hotel zum anderen schleppte, wochen-, monate-, vielleicht sogar jahrelang dort in derselben Stille sitzen würde?" Würde sie selbst so werden? Sie wurde. „May", Mary Annette Beauchamp, Gräfin von Arnim, Countess Elizabeth Russell. Klein und dürr, einsam und still, stets die Schwermut, ihr „schwarzer Hund", im Nacken, ist sie quer durchs Land gefahren, rastlos ohne Ziel von Hotel zu Hotel, in deren Hallen voll fader Musik und gelangweilten Kellnern sie sitzt, mit radgroßem Hut, fahl gepudertem Gesicht und rothaariger Perücke, um ihre vierundsiebzig Jahre zu verbergen. Ein Geschwür wuchert am Auge, ihre rechte Hand kann sie kaum noch bewegen. In einem der Hotels, in Charleston, South Carolina, bricht sie zusammen. Wenige Tage später ist sie tot. Es ist der 9. Februar 1941. Das Radio überträgt weltweit Winston Churchills Aufforderung an die Vereinigten Staaten, dem britischen Empire gegen Hitlers Deutsche beizustehen. „Give us the tools and we will finish the job." In Europa herrscht Krieg, vor dem sie geflohen ist. „Was bin ich für eine glückliche Frau, dass ich in einem Garten lebe, mit Büchern, Kindern, Vögeln und Blumen und reichlich Muße, all das zu genießen." Das ist lange her. Vierundvierzig Jahre.

8. März 1896, Pommern nahe Stettin, das Landgut Nassenheide. *Elizabeth und ihr Garten*: „Werde ich diesen Tag jemals vergessen? Es war der Anfang meines wahren Lebens." Sie wird ihn nicht vergessen. *Elizabeth und ihr Garten* ist nicht der einzige ihrer Romane, in dem sie kaum

Besorgte Amerikaner lesen Kriegsnachrichten vor dem Kriegseintritt der USA 1941.

Winston Churchill an seinem Schreibtisch in seinem Amtssitz in der Londoner Downing Street, 1943

Rittergut Nassenheide um 1860

verbrämt ihr Leben erzählt, denn sie ist Schriftstellerin, und ihr wahres Leben ist der Garten des Gutshofes ihres Gatten Henning August Graf von Arnim-Schlagenthin, der ihr rät, das Buch herauszubringen, doch untersagt, adelsunschicklich ihren Namen preiszugeben. Das Buch, in das sie ihre ersten Nassenheider Jahre gießt, ihr erstes, erscheint in England. *Elizabeth and her German Garden* – die Zeitungen rätseln werbewirksam, wer das Buch schrieb, das ein wahrer Verkaufsschlager wird, mit dem sie erheblich mehr verdient, als der Gutshof durch Kartoffelernten oder Schnapsbrennen einbringt. Auflage folgt Auflage, und fortan nennt sie sich nach ihrer Figur Elizabeth. Fast zwei Dutzend Bücher wird sie schreiben, von denen sie mehr als nur sehr gut lebt.

Aus Berlin sind sie nach Nassenheide gekommen, erst mit der Bahn, dann weiter mit der Kutsche. Ein grauer Tag, nasskalt und trist, an dem sie den Garten betritt, der ihr „Königreich" werden wird. „Ich streifte im noch öden und trostlosen Garten herum – weiß Gott welcher Geruch von nasser Erde und verfaultem Laub schlagartig meine Kindheit in Erinnerung rief und all die glücklichen Tage, die ich in einem Garten verlebt hatte." Geboren wird sie 1866 nahe Sydney als Mary Annette Beauchamp. Gerufen wird sie May. In ihrer Wiege liegt ein silberner Löffel: Ihr Vater ist Schiffseigner und Kaufmann, der in Australien zu Geld kommt, und er ist Brite. Mit Frau und sechs Kindern kehrt er daher auf die Insel in Europa zurück. Sie ist das Nesthäkchen. Höchst musikbegabt lernt sie Klavier, Harfe, Geige, Orgel, Gesang, sie wächst

auf dem Land auf, und die Felder, Gärten, Wiesen, Dörfer, Landhäuser der „countryside" schlagen in ihr Wurzeln. Ganz Engländer, ist Henry Herron Beauchamp gartenbegeistert. Von ihm hat sie die Liebe. Er kauft Ferkel, sie zieht Erbsen, kümmert sich um Küken, erntet Äpfel, im Winter wälzen sie Pflanzenbücher, im Sommer besuchen sie Gartenausstellungen, so sie nicht auf Reisen sind. Eine geht nach Italien, um die junge Dame der Gesellschaft zu zeigen. Besuche, Empfänge oder Bälle sind Ehebörsen, die Verehrer anlocken. Auch ihren Grafen. Witwer ist er, ein preußischer Junker mit weitläufigen Ländereien, ein wenig förmlich, ein wenig steif und fünfzehn Jahre älter. Sie ist dreiundzwanzig, er ist angetan, heiter und ungezwungen wie sie ist, und sie genießt sein Werben. Verlobung noch in Rom, danach reisen sie mit Anstandsdame. Heimliche Küsse und bei den Festspielen in Bayreuth ein Konzert für geladene Gäste mit ihr am Klavier, das er ausrichtet, um die Braut vor allem Cosima Wagner vorzustellen. Arnim ist ein Freund des Hauses. Auch er spielt Klavier. Franz Liszt hat ihm einst Stunden gegeben. May Beauchamp wird späterhin Bayreuth und das deutsche Wagnergehabe hassen. Vorerst aber: Heirat in Berlin am 21. Februar 1891, nachdem sie am Kaiserhof eingeführt worden war.

Die Ernüchterung folgt auf dem Fuß. Berlin ist groß, laut und dreckig, und die Adelsetikette ist für sie ebenso ungewohnt, wie das herrschaftliche Haus zu führen. Eva, die nur „Evi" genannt wird, Elisabeth, „Liebet", Beatrix, „Trix" – sie gebiert die drei Töchter hintereinander weg. Sie werde schon schwanger, wenn er in ihrer Nähe bloß niese, sagt sie. Den Erben, den er selbstverständlich von ihr erwartet, gebiert sie nicht. Die Geburten sind qualvoll, und zu seinem erheblichen Ärger hält sie ihn daher auf großem Abstand. Überhaupt: Er ist nicht mehr zuvorkommend, einnehmend, galant. Er wird wortkarg, kühl, mürrisch und behandelt sie wie ein unmündiges Kind. „Man of wrath" wird sie ihn in ihren Büchern nennen, „der Grimmige". Und er ist nicht so vermögend wie gedacht. Seine Güter, die er nicht selbst verwaltet, sind verschuldet. Fünf Jahre harrt sie so in Berlin aus, bis sie sein Gut Nassenheide besuchen. Es ist der 8. März 1896.

„Grauer ruhiger Himmel und braune ruhige Erde; kahl und etwas trist und wahrhaft einsam dort draußen in der Feuchtigkeit und Stille; doch da stand ich, und die fünf vergeudeten Jahre fielen von mir ab, und die Welt war hoffnungsvoll und ich weihte mich unverzüglich der Natur."

Ihr Land, auf dem sie steht, reicht weiter als das Auge. In der Ferne steht ein Kiefernwald auf dem sandigen Boden der Heide, die Beete des Gartens sind überwuchert, doch einst gesetzte Edelkastanien, Pyramideneichen und Magnolien stehen noch, und zwischen Birken wachsen Leberblümchen, Veilchen, Scharbockskraut, Anemonen, und ein Wall aus Flieder ist gepflanzt, dessen Duft den Garten durchtränkt. „Ach, diese Fliederbüsche!" Wieder in Berlin, hat sie nur einen Gedanken: Nassenheide. Sie vertieft sich in Gartenbücher, kauft zwei Badewannen und vier Blechkannen für das heruntergekommene Gutshaus, und wochenlang reist sie von der Stadt auf das Gut und zurück, um das Landhaus herzurichten. Kein Strom, kein fließendes Wasser, dafür eine Pumpe im Garten, Öllampen, qualmende Torfkamine, Nachttöpfe, die von einer gebeugt schlurfenden Alten geleert werden, die „Hexe" genannt wird. Doch die Gräfin näht unverdrossen Vorhänge, lässt die Wände streichen und befehligt die Handwerker. Zum Erstaunen der Anstreicher werden die Wände im Haus weiß gestrichen. Das ist sonst nur in Schweineställen üblich, aber hell und licht soll das Haus werden und voller Vasen für die Blumen aus dem Garten, den sie sich wünscht. „Der Garten ist mein Schutz, meine Zufluchtsstätte, zu der es mich hinzieht, nicht das Haus. Im Haus gibt es Pflichten und Verdruss, Dienstboten, die man ermuntern und ermahnen muss, Möbel und Mahlzeiten; aber dort im Freien drängen sich auf Schritt und Tritt die Segnungen." Tee wird ihr daher unter freiem Himmel aufgetragen, ein Schwarm Bediensteter umsorgt die Gräfin, die herumstreift, das Gut kennenzulernen, und sich ihren Traumgarten ersehnt, den sie bald Wirklichkeit werden lässt. Sie lebt von Salat, Schwarzbrot und ab und an gebratenen Tauben, doch das stört sie nicht. Sie verabscheut die langen Adelsmahlzeiten, die sich hinschleppen. Ihrer Stadtpflichten ledig, fühlt sie sich befreit, und sie bekniet ihren Eheherren, dass sie künftig allesamt, sie er, die Töchter, ganz auf Gut Nassenheide leben. Er zögert, doch er stimmt zu. Ihn lockt die Aussicht, das abgewirtschaftete Gut selbst zu führen, um die Schulden zu mindern – sie lockt es, wie eine englische Lady auf dem Land zu wohnen, mit Rosenschere und Strohhut die Tage zu verbringen, deren Alltagslasten Knechten, Mägden, der Köchin überlassen sind. Der Anfang ihres wahren Lebens.

„Demut und größte Beharrlichkeit scheinen fast genauso notwendig beim Gärtnern wie Regen und Sonnenschein, und jedes Misslingen muss als Sprungbrett für Erfolgversprechenderes dienen."

Und ihr misslingt viel. „Fast alle Zwiebeln und Samen und Pflanzen, für die ich mein Geld und meine Hoffnung verschwendet habe, sind als Brennnesseln herausgekommen, und die mag ich nun mal nicht." Das Geld für den Garten muss sie zuerst vom Haushaltsgeld abzwacken, aber wenigstens ihre geliebten Wicken überstehen ihr Ungeschick, ohne die für sie kein Garten ein Garten ist: „Mit Wicken allein kann ein Garten schon wunderschön aussehen und in eine zierliche Märchenlaube verwandelt werden." Selbst im Garten zupackend Hand anzulegen, verbietet der Dame von Adel jedoch der Anstand. „Von ganzem Herzen wünsche ich mir, ich wäre ein Mann, denn ich würde mir natürlich als Erstes einen Spaten kaufen und gärtnern, und dann hätte ich das Vergnügen, für meine Blumen alles aus eigener Hand zu tun, und bräuchte meine Zeit nicht damit zu vergeuden, jemandem zu erklären, was er machen soll." Düngen, jauchen, umgraben, rechen, mähen, die Rosen aufdecken im Frühjahr, die Laubfeuer schüren im Herbst ist zu ihrem Leidwesen Knechtsarbeit. Feine Kleider und Fischbeinkorsett vertragen sich nicht mit schweißtreibendem Jäten. „Wenn ich doch nur selbst graben und pflanzen könnte. Um wie viel leichter wäre es und faszinierend, die Löcher selbst machen zu können, genau dort, wo man sie haben will, und dann die Pflanzen ganz nach Belieben einsetzen, statt Anordnungen zu geben, die nur halb verstanden werden." Ihre preußischen Gartenknechte, die ihre Rabatten entgegen ihrem Ansinnen korrekt und schnurgerade pflanzen wollen, sind nicht die einzigen, die sie zur Verzweiflung treiben. Kühe zertrampeln ihr die Nelken, Lilien, die nicht gedeihen, Stockrosen, deren Farbe ihr nicht gefällt, Prunkwindensaat, die weggepickt wird, Beete, die ein Fest für die Maulwürfe werden: „Ich bin jeder Blume aufrichtig dankbar, die robust ist und bereit, hier zu gedeihen." Was vorerst gedeiht, ist Unkraut, das indes so wenig mit ihrem Willen rechnet wie der Mohn. „Vermutlich verträgt es der Mohn nicht, wenn er umgepflanzt wird, vielleicht hat er auch nach seiner Verpflanzung nicht genügend Wasser bekommen: Trotzdem werden morgen in die Rabatten für das nächste Jahr Mohnblumen gesät: denn Mohn will ich haben, ob's ihm nun passt oder nicht." Was sie aber vor allem haben will, sind Rosen, Rosen, Rosen. Auf dem Sandboden ein kühner Wunsch, den sie dennoch unbeirrt durchsetzt. „Man staune, was Liebe alles erreichen kann: In meinem Garten gibt es mehr Rosen als andere Blumen!"

Was ihre Liebe nicht erreicht: Das Eheleben bessert sich auch in Nassenheide nicht. Das alte Lied: „H. und ich stritten uns, weil er ein Baby möchte und ich nicht." Ist er in Berlin, auf Reisen oder einfach nur fort, fühlt sie sich erleichtert und er wohl auch, denn sie ist alles, nur nicht einfach. Zart ist sie, scharfsinnig,

Elizabeth von Arnim mit ihrem Hund Coco

lebenslustig, lebensgierig gar und sinnlich, und immerzu verfallen ihr Bewunderer, Liebhaber und Liebhaberinnen, und in den literarischen Salons wird sie der funkelnde Stern werden, doch ebenso ist ihre Spottlust gefürchtet. Sie stichelt gern, und oft schimmert ihr dünkelnder Adelshochmut durch und ein Zug von aufbrausender Grausamkeit, den die Kinder mit Haarbürste oder Hundepeitsche zu spüren bekommen. „Wenn sie grausam war, war sie sehr grausam." Manchem, dem sie zulächelt, fröstelt. Ist sie übellaunig, schweigt sie, und wer wagt, das Schweigen zu brechen, dem fährt sie über den Mund.

Gräfin Elizabeth von Arnim: eine Adelige ihrer Zeit.

„Ich liebe meinen Garten. Hier schreibe ich gerade in der Lieblichkeit eines Spätnachmittags, immer wieder unterbrochen von den Mücken und der Versuchung, all die Pracht des jungen Grüns zu bestaunen, auf das vor einer halben Stunde ein kühler Regenschauer niedergegangen ist." *Elizabeth und ihr Garten, Einsamer Sommer, Garten der Kindheit, Sommer ohne Gäste* – sie schreibt mit Erfolg, und der Geldregen baut die Gattenschulden ab und lässt ihren Garten wachsen. Sie muss nun nicht mehr sparen wie zu Beginn. Das Gutshaus wird bequemer, ihre Diener steckt sie in Livree, und sie kann einen waschechten Gärtner anstellen, der ihren oft zu aberwitzigen Vorstellungen Einhalt gebietet. Er ist halb taub, und ist sie zu verstiegen, nimmt seine Schwerhörigkeit schlagartig zu. Das aber ist immer noch besser als die Gartengehilfen der ersten Jahre, denen sie vergeblich während der Gartenarbeit aus Gartenbüchern vorlas, um ihnen wenigstens ein bisschen das Handwerk näherzubringen, und deren einer, dem Wahnsinn nah, einen Revolver zog, als sie von ihm verlangte, Rittersporn nicht in strammer Linie, sondern in Gruppen zu setzen. Er wurde ins Irrenhaus eingewiesen. Schreibt sie jedenfalls in *Elizabeth und ihr Garten*.

„Ich weiß gar nicht, wie ich die Liebe und die Schönheit und das Verbundensein beschreiben soll, das ich empfinde, sobald ich meinen Garten betrete." Die Wände ihres Arbeitszimmers füllt sie mit allen Gartenbüchern, die in den letzten Jahren erschienen sind, sie reist nach England, um sich Gärten anzusehen, winters schreibt sie Samenlisten und bestellt bei Baumschulen und Blumenzüchtern, um sommers die Farbenpracht zu haben. Für Nassenheide erträumt sie sich

einen Garten mit den Staudenbeeten, die sie aus England kennt, koste er, was er wolle. Und er kostet. „Ich ziehe jedoch sowieso den Kauf neuer Rosenbäume dem neuer Kleider vor; und ich sehe die Zeit kommen, wo meine Gartenleidenschaft so übermächtig wird, dass ich nicht nur gänzlich dem Kauf von Kleidern entsage, sondern auch diejenigen verkaufe, die ich schon habe." *Elizabeth und ihr Garten* aber bringt genug ein, um sich ihre Gartenträume zu erfüllen, und sie lernt aus ihren Fehlern. „Bescheidenheit ist der Anfang aller Vernunft." In die Beete wird frische Erde eingegraben, der zur Wiese gewordene Rasen wird neu eingesät, und von ihrem Gärtner verlangt sie, endlich die mit Mustern geordneten Beete aufzugeben, um stattdessen die Blumen scheinbar ungeordnet „natürlich" in einen „wilden" Garten zu setzen. Elizabeth von Arnim gehört zu den Verfechtern des englischen „cottage garden", für die in Form geschnittene Sträucher und Bäume und die musterstrengen Blumenbeete des viktorianischen Gartens ausgedient haben. Überkommene französisch orientierte Gärten gegen englisch gemischte, vielfarbige Blumenbeete, die „mixed borders", mit ihrer ungeziert wuchernden, aber klug durchdachten Fülle, begehbare Landschaftsgemälde – ein Glaubenskrieg, der nicht nur in Streitschriften ausgetragen wird. Beispielsweise von der exzentrischen Engländerin Ellen Willmott, deren Gartenfanatismus für die Nachwelt durchaus erkenntnisreich bleibt: „Meine Gärten sind das Wichtigste überhaupt und meine gesamte Zeit widme ich der Arbeit in dem einen oder anderen von ihnen." Sie gibt ihr sagenhaftes Vermögen für sagenhafte Gärten aus. Sie stirbt völlig verarmt, doch nicht ohne in alle Gärten, die ihr nicht passten, Samen von Disteln auszustreuen, die noch immer ihren Namen tragen, „Miss Willmott's ghost".

„Ich versuche meinen Garten umso
prächtiger und gepflegter aussehen zu lassen,
je tiefer man in ihn hineingeht."

Gäste, die auf der Gartenterrasse stehen, lässt sie gern in dem Glauben, sie hätten das Beste schon gesehen, um sie dann listig von einer Sehenswürdigkeit des Gartens zur nächsten zu leiten. Ihre Beete ergänzen die Landschaft, beim Haus setzt sie Hochstammrosen entlang der Wege, damit keiner sich bücken muss, um deren Duft zu atmen, ein Frühlingsgarten wird unter einer alten Eiche angelegt und einen Gartenteil bepflanzt sie ganz in Gelb. „Jede Gelbschattierung vom

feurigsten Orange bis zum Fast-schon-Weiß. Mir schwebt vor eine einzige Folge von Herrlichkeiten von Mai bis zum Frosteinbruch." Ringelblumen, Goldmohn, Dahlien, Sonnenblumen, Kapuzinerkresse werden ihre „goldene Rabatte": „Man geht durch ein Kieferngehölz, und wenn man um die Ecke biegt, soll man plötzlich dieses Stück eingefangenen Morgenglanzes erblicken. Ich möchte, dass es einen in seiner leuchtenden Pracht nach dem schattig-kühlen Weg durch das Wäldchen geradezu blendet." Einfache Bauernblumen sind ihr die liebsten, und Rosen, sehr viele Rosen, und so wird ihr Garten ein Bauerngarten in herrschaftlich großem Stil, den Ligusterhecken gliedern und buchsgefasste Beete, und ist der Garten durchschritten, geht der Blick ins Land. „Jenseits davon sieht man die friedlichen Weiden, die sich zum fernen Wald hin erstrecken."

„Hätte Eva im Paradies einen Spaten gehabt und etwas damit anfangen können, hätten wir nicht diese ganze traurige Geschichte mit dem Apfel." Auch Elizabeth von Arnims Geschichte mit dem Apfel ist traurig. „Jeder liebt irgendetwas, und ich kenne keine anderen Liebesobjekte, von denen man so wesentliche und unfehlbare Geschenke zurückbekommt, wie von Büchern und einem Garten." Ihr Gatte hat selten Geschenke für sie, eher schon beäugt er argwöhnisch ihren Schreiberfolg, der ihm sein Unvermögen vor Augen führt, weil sich das Gut trotz seiner Mühen nicht rechnet. Sie verdient das Geld. Das verletzt seinen Stolz, und durch ihre Eigenwilligkeit im Schreiben und ihre Eigenständigkeit im Leben sieht er seinen ohnehin gefährdeten Ruf schwinden, denn er war noch dazu wegen des Verdachts auf Unterschlagung verhaftet und vor Gericht gestellt, dann aber freigesprochen worden.

Ihre Eigenwilligkeit im Schreiben: Schon in *Elizabeth und ihr Garten* schreibt sie nicht nur lieblich üppige Gartenbilder, denn sie hat auch einen gnadenlosen Blick auf geistarme Fräulein, putzsüchtige Damen und keifende Frauenzimmer, deren öde Tage Klatsch, belanglose Plaudereien oder Gehässigkeiten füllen. Brave Landhausfrauen, die am Möbelstaub ersticken, nimmt sie auf ihr Korn, und sie geißelt die Männer, die Ohrfeigen für heilsam halten und ihre ungehorsamen Frauen verprügeln, die sie andererseits als Zuchtstuten schwängern, von scheinheiligen Pfarrern nicht zu reden. Ihre Eigenständigkeit im Leben: In der efeuüberwucherten, „schrecklich feenhaften" alten Orangerie des Gutes richtet sie sich „ein grünes Nest" ein, ihre Schreibstätte, die sie ihr „Treibhaus" nennt, in dem sie keiner stören darf außer ihrem Gärtner. Geht sie schreibgedankenvoll mit ihren beiden Doggen durch den Garten, darf niemand sie ansprechen, und die Stille ihres

links: Elizabeth von Arnim, 1916
rechts: Ein typischer „cottage garden". Gemälde von Lucien Pissarro

Gartens zieht sie geschwätzigen Teegesellschaften mit Adelsdamen der Nachbargüter vor. Im Garten ist sie frei und sie sucht in ihm die Einsamkeit. „Es ist jedes Mal ein Segen, ihn aufzusuchen, und nur hier weiß ich, was mit dem Frieden, der über alles Verstehen hinausgeht, gemeint ist." Am Gesellschaftsleben teilzunehmen, gehört jedoch zu ihren Standespflichten, deren Verletzung den Grafen erbost. Ihr schwebt ein einsamer Sommer ohne Gäste vor. Ihm nicht. Und so hängt der Haussegen schief und schiefer, auch weil er nach wie vor von ihr den Erben erwartet, der dann doch nach einer weiteren Tochter, Felicitas, „Queekie", geboren wird. Als sie merkt, dass sie mit Henning Bernd, „H. B.", schwanger ist, versucht sie das unerwünschte Kind mit einem heißen Bad abzutreiben. Gärtnern will sie und schreiben und nichts sonst. Die Kinder werden deshalb von Hauslehrern und Kindermädchen erzogen, und den Gatten meidet sie, so gut das geht. Er dagegen wird seiner Schulden nicht mehr Herr, und so steht das Gut vor dem Aus, als sie nicht mehr bereit ist, mit ihren Bucheinnahmen das Fass ohne Boden weiter zu füllen.

„Ich hoffe mit aller Zuversicht, dass ich mit der Zeit der immerwährenden Segnung, die von meinem Garten ausgeht, würdiger werde und zunehme an Huld und Geduld und an Fröhlichkeit, wie die glücklichen Blumen, die ich so sehr liebe." Ihr Garten macht sie nicht huldvoll, und sie hat vieles, Geduld aber hat sie nicht, und besonders nicht mit dem Grafen, der sich mal weinerlich, mal zornig gramerstarrt seinem Schicksal fügt. Krank ist er schon länger. Zucker. Sein Wille erlahmt, das Gut zu retten, und so neigen sich die Jahre der glücklichen Beschaulichkeit in ihrem Garten Eden dem Ende zu. „Die Zeit läuft so schnell ab, und jeden Abend, wenn das Feuer im Kamin der Bibliothek prasselt, weine ich ein bisschen." Sie leidet furchtbar, doch sie geht, als sie den Gatten nicht mehr erträgt.

„Ehe man sich's gewahr wird, gehört alles, was eben noch Gegenwart war, der Vergangenheit an."

1908 verlässt sie Nassenheide und zieht mit ihren Kindern in ein Landhaus in England. Henning von Arnim bleibt allein auf dem Gut zurück, das nicht zu halten ist. Als die Zwangsversteigerung droht, verkauft er Nassenheide 1910. Er stirbt im selben Jahr und Elizabeth von Arnim sitzt nun doch versöhnlich an seinem Sterbebett. „Wie dumm der Mensch ist, der nicht weiß, was er besitzt, bis er es verliert." Auch Nassenheide ist für sie verloren und nur noch einmal wird sie das Gut wiedersehen.

„Ich fiel in ein tiefes schwarzes Loch und hatte Mühe herauszukommen." Doch sie kommt heraus, und sie, die in Nassenheide die Einsamkeit schätzte, wirft sich mitten hinein in den Trubel. Ein Leben zwischen Gummistiefeln und Ballkleid. Ein kleines Cottage, in dem sie abgeschieden schreibt, steht neben ihrem großen gartenumsäumten Landhaus, doch ist sie in London, glänzt sie in der Gesellschaft. Hervorragend gekleidet, scharfsinnig, gewitzt, aufreizend, berühmt als Schriftstellerin, ist sie in vielen Salons gern gesehener Gast. Nicht in allen. Dafür ist sie zu scharfzüngig und zu oft zu herablassend. Katherine Mansfield, Aldous Huxley, H. G. Wells, der ihr Liebhaber wird – das sehr freizügige Künstlerleben, das sie führen, zieht sie an, und mit Virginia Woolf und deren Geliebter Vita Sackville-West teilt sie die

Elizabeth von Arnim: ein Leben zwischen Gummistiefeln und Ballkleid

Leidenschaft für Gärten. Gelage wechseln mit Partys, Theaterabende mit Konzerten – das Leben der Bohème. Ein sorgloses Leben, das sie ihren Büchern verdankt, die so viel einbringen, dass sie sich hoch oben in den Alpen des Wallis ihr „Chalet de Soleil" leistet, das sie selbst entwirft. „Ein kleines Nassenheide mit vielen schönen zusätzlichen Annehmlichkeiten." Sechzehn Schlafzimmer immerhin hat das Haus, vier Bäder, und die angenehmste der Annehmlichkeiten: wassergespülte Toiletten, die noch keineswegs verbreitet sind. „Ich habe sie gezählt, es gibt wirklich sieben." Fällt ihr ausgelassener Künstlerschwarm bei ihr ein, schreibt sie tags in einem Nebenhaus, dem „kleinen Chalet", um abends mit ihnen zu schwatzen, zu tanzen, zu trinken. Einer ihrer Besucher ist Francis Russell, Earl of Amberley. Feist, aber fröhlich. Beredt und witzig und übermütig schwärmt er sie an. Widerspruch duldet er nicht: Sie gehöre ihm, Widerstand zwecklos. „Schönheit macht dich lieben und Liebe macht dich schön." Er lässt sich für sie scheiden, und sie fühlt sich geschmeichelt und das Unglück nimmt seinen Lauf. Hochzeit 1916. Nur wenige Wochen später: „Was für eine Katastrophe!" Seine anfangs so einnehmende Bestimmtheit ist die blanke Herrschsucht. Er betrügt sie bald nach Strich und Faden, und er wird „hart wie eine Stahlplatte", als sie ihm ihr Vermögen nicht überträgt. „Ich bin sehr unglücklich und sehe keine Hoffnung." Die Ehejahre mit ihm sind dunkel: Mitten im Ersten Weltkrieg stirbt ihre jüngste Tochter, die in Deutschland als Kinderkrankenschwester gelebt hatte. Und noch mehr Verluste: Zwei ihrer Töchter wandern nach Amerika aus. „Ich sterbe lieber, als so weiterzuleben": Drei Jahre quält sich die Countess Lady Russell durch die Ehe und erst nach Ende des Ersten Weltkrieges ist auch ihr Rosenkrieg vorbei. Sie trennen sich

in abgrundtiefem Hass und sie flieht in ihr Schweizer Berghaus. „Es ist ein göttliches Gefühl, sich von Dingen zu befreien … Und von den eigenen Männern."

Gartenterrassen am Abhang, ein Wintergarten, um das Haus ein Garten, den sie ihrem Nassenheider Gärtner anvertraut, den sie zu sich holt: das „Chalet de Soleil", das sie mit Möbeln füllt, die ihr von Nassenheide geblieben sind. Das Haus in den Bergen ist von Erinnerungen an das Landgut durchsetzt, das sie nun noch einmal besucht. Sie reist mit ihrer Tochter Beatrix. Eine Reise in Matsch, Regen und Trostlosigkeit. „Ein heftiger Regenschauer durchnässte uns bis auf die Haut, während wir vergebens versuchten, in den Garten zu gelangen. Alles verrammelt und verriegelt. Stürmischer Regen. Heulen und Wind. Das Tor ist schon so lange verschlossen, dass Bäume hindurchwachsen." Als ihnen dann doch geöffnet wird: das Schweigen der Enttäuschung. Das Landhaus ist verwüstet, verwahrlost, heruntergekommen. „Trix und ich durchstreiften den Garten. So traurig und verlassen. Da kam die Sonne heraus, und durch die Bäume hindurch sah nun das Haus genauso aus wie früher." Das aber ist nur ein kurzer, schöner Schein. Zu groß ist die Ernüchterung, und ihre Abreise ist ein Abschied für immer. „Ich will nicht mehr hin."

Nassenheide wird endgültig zur Erinnerung und bald auch das „Chalet de Soleil". Nach dem Abschlachten des Ersten Weltkrieges toben fern der Bergwelt der Gräfin die „roaring twenties", die „Goldenen Zwanziger", quirlig und laut mit ihren Tanzpalästen, Boxkämpfen, Automobilen, Straßenbahnen, Theatern, Kinos, Jazzkellern, und sie will zurück ins Leben, um all ihre Enttäuschungen zu vergessen. „Ich glaube, wir verschwenden viel zu viel Zeit mit Reue." Doch das Alter greift nach ihr, das sie nicht wahrhaben will. Sie lässt sich das Gesicht straffen, takelt sich auf, und ihre Liebhaber werden jung und immer jünger und die Einsamkeit der Berge setzt ihr nun zu. „Es ist furchtbar, ganz allein zu sein und ganz allein alt zu werden." Für die Reichen und Schönen spielt die Musik ohnehin längst an der Riviera und der Côte d'Azur, und so tauscht auch sie den Schnee der Berge mit der Sonne der französischen Südküste. Sie kauft „Mas

Das Dorf Mougins bei Cannes

Der Zweite Weltkrieg: Blick auf einen Massenabsprung von Fallschirmjägern während der Invasion der Alliierten in Südfrankreich am 15. August 1944

des Roses", den Rosenhof in Mougins nahe Cannes. „Wäre ich doch unmittelbar aus Pommern hierher gekommen – wie gut hätte mir das getan! Ich wäre viel länger jung geblieben, viel lebensfroher und heiterer." Ein Chauffeur, Hausmamsell, Köchin, vier Hunde und diesmal eine Gärtnerin – die Buchgelder sprudeln und sie gibt sie aus mit vollen Händen. Die Nächte sind lang, die Feste rauschend, und steht sie nicht auf den Vergnügungen zwischen Schriftstellern, Künstlern, Hochadel, Geldadel, dann steht sie in ihrem Garten, ohne den sie nicht auskommt. 1300 Iris, 300 Tulpen, 100 Madonnenlilien, 150 Ranunkeln, 200 Freesien werden bestellt und 50 Alpenveilchen, um sie unter die Olivenbäume zu pflanzen. In den milden Wintern blühen die Rosen, Mimosen wachsen und Orangen, Ginster, Mauerblümchen und Ehrenpreis, und im Sommer zirpen die Zikaden. Noch einmal träumt sie den Nassenheider Traum vom Garten Eden. Ein letztes Mal.

Die Wolken des Zweiten Weltkrieges ziehen herauf, zu dem die Deutschen rüsten, der sie aus ihrem Paradies jagt. „Sie lernen es nie. Sie sind immer noch die gleichen Junker, die sie vor dem Krieg waren. Sie schicken uns zur Hölle und sich gleich mit – bis dahin wollen wir cultiver notre jardin und die himmlischen Freuden genießen, die uns noch geblieben sind." Sie bleiben ihr nicht lange, denn das Stahlgewitter dräut auch über dem Rosenhof. „Französisches Militär sitzt mir im Nacken." Acht Offiziere, die im Haus, und fünfundzwanzig Soldaten, die in der Garage schlafen, werden bei ihr einquartiert. Eine Lastwagenladung Munition wird zwischen ihren Beeten versteckt, hinter ihren Rosenhecken wird ein Luftabwehrgeschütz aufgebaut. „Wenn der große Knall kommt, wird niemand sagen können, vor Hitler nicht ausreichend gewarnt worden zu sein." Sie nimmt die Warnung ernst.

Am 17. Mai 1939 geht sie an Bord der *Queen Mary* mit Kurs Amerika zu ihrer Tochter Liebet. 1. September 1939: Die ersten Kriegsschüsse fallen. Die Bücher der Engländerin sind in Deutschland längst verboten. Ein Erfolg sind sie nach wie vor, auch ihr letztes, *Die sieben Spiegel der Lady Frances*, das sie im Gepäck hat. Doch sie nimmt auch ihre Schwächen mit auf die Reise. „Getanzt wurde nach ihrer Pfeife. Wo sie lebte, entstand immer die Atmosphäre eines Hofs. Man bekam seine Tagesbefehle." Mit ihr auszukommen, ist nicht eben leicht, und so wird sie zwar von der Tochter aufgenommen, doch rasch vereiteln Reibereien, miteinander zu leben. „Fühle mich ins tiefste Exil verbannt." Nassenheide, das „Chalet de Soleil", „Mas des Roses": Sie findet keine neue Heimat mehr und keinen neuen Garten, und was einst Heimat war, ist für sie verloren auf immer. Elizabeth von Arnim, Countess Lady Russell, setzt sich ans Steuer ihres Wagens, über das sie, klein, wie sie ist, kaum hinaussehen kann, und ihre Irrfahrt beginnt.

Das Hotel in Charleston, South Carolina, wartet bereits auf sie.

Virginia Woolf

(1882 – 1941)

Wir wässern die Erde mit unserem Geld

Virginia Woolf in den
1930ern

Monk's House im englischen Weiler Rodmell, nahe dem Fluss Ouse, das Jahr 1919: „Seligkeit angesichts von Größe & Zuschnitt & Fruchtbarkeit & Naturhaftigkeit des Gartens. Die Zahl der Obstbäume schien unendlich; die Pflaumen saßen dicht an dicht, sodass die Zweige sich bogen; Blumen sprossen überraschend zwischen Kohlköpfen. Erbsen, Artischocken und Kartoffeln gediehen in säuberlichen Reihen; Himbeerbüsche trugen kleine, blasse Fruchtpyramiden; & ich konnte mir vorstellen, wie angenehm ein Spaziergang durch den Obstgarten unter den Äpfeln sein musste, wo mir das graue Löschhütchen des Kirchturms die Grenze aufzeigte." Bei der Dorfkirche von Rodmell steht Monk's House zur Versteigerung. Virginia Woolf ist blutrot im Gesicht, Leonard Woolf zittert. 800 Pfund hatten sie zusammengekratzt, und mehr haben sie auch nicht in der Tasche. 300 Pfund werden geboten, dann 600. „Nur selten in meinem Leben war eine Zeitspanne von fünf Minuten so voller Aufregung." Bei 700 fällt der Hammer. Der Zuschlag geht an sie. Das Cottage aber ist verfallen. Ein grober Steinboden im Haus, „riesige Ratten", dunkle, kleine Kammern, eine steile, ausgetretene Stiege nach oben, und über ausgetretene Backsteinstufen rinnt der Regen zur Küche hinunter. „Es gab eine Küche, in der zeitweise ein Bach über den Fußboden floss; angeblich war es ein größerer Zufluss des Ouse." In der Küche steht heißes Wasser auf dem Kohleherd, um sich zu waschen, und eine vorhangverborgene Zinkbadewanne. Das Haus ist zugig, kalt, klamm, denn die Wände aus bretterverschalten Bruchsteinen bieten nur wenig Schutz. „Es bläst ein schneidender Wind, scharf wie eine Sense, der Teppich im Esszimmer ist steif wie aus Gusseisen."

Monk's House

Sir Leslie Stephen, Virginias Vater

Hinter dem Haus ein ummauerter, gestrüppüberwucherter Garten. Darin das „romantische Kämmerlein" – der „diskret, aber erfolglos" hinter Kirschlorbeer verborgene Abtritt, zu dem sie in der Morgenkälte schleicht. Er meidet ihn und nutzt lieber Rohrstuhl und Eimer auf dem Dachboden des Hauses. Im Garten steht eine Waschküche, deren verrotteter Kamin an einem Weihnachtstag in die Luft fliegen wird, und ein alter Geräteschuppen, in dem Virginia Woolf anfangs schreibt, ehe sie sich ein Gartenhaus unter einer Rosskastanie einrichtet: „a room of one's own", ein Zimmer für sich allein. Sie braucht die Abgeschiedenheit. Friedvoll, beschaulich, fernab des Trubels kaufen sie Monk's House, um ein zurückgezogenes Landleben zu führen. Doch nicht nur: Sie kaufen Monk's House als Zuflucht für Virginia Woolf.

„Mein Geist ist völlig verknotet." Schlaflosigkeit, Herzrasen, Selbstmordversuche. „Ich höre immer Stimmen." Ihr Irrsinn überfällt sie in Schüben.

Adeline Virginia Woolf, geborene Stephen, 1882 bis 1941.

Schlaglichter.

Schlaglicht eins: Ihr erster schwerer Anfall 1904. Auf einer Reise schmerzt sie der Kopf, dann das Herz. In Albträumen wird sie von einem Toten verhöhnt, sie beschimpft ihre Geschwister, weigert sich zu essen, magert ab und versucht, sich aus einem Fenster zu stürzen. Wochen um Wochen dauert die Qual, dann ebbt sie ab. Erschöpft war sie gewesen, verwirrt und überreizt, denn ihre frühen Jahre hatten Spuren hinterlassen: Die Spuren der Familie Stephen. Laura aus der ersten Ehe des Vaters, die zurückgeblieben war, Gerald, George und Stella aus der ersten Ehe der Witwe, die Leslie Stephen geheiratet hatte, Vanessa, Thoby, Virginia und Adrian. Die Stephens sind nicht reich, aber wohlhabend im England der Königin Victoria. Ihr Haus in der Hyde Park Gate: rote Samtstühle, schwarz gestrichene Holzvertäfelungen, vollgestellt mit schweren Eichenmöbeln. „Das Haus war dunkel, weil die Straße so eng war, dass man beobachten konnte, wie Mrs. Redgrave gegenüber sich im Schlafzimmer den Hals wusch." Auf gutes Benehmen wird Wert gelegt, zum Abendessen ist Umkleiden Pflicht. Dienstboten versorgen das Haus, das Julia Stephen, die Mutter, für den wenig lebenstüchtigen Vater führt. Sie ist der warmherzige Schutzengel der Kinder, besucht Arme und steht Sterbenden bei, er dagegen sieht sich als unumstrittener Herr im

Virginia Woolf, 1902

Haus. Er ist die Sonne, um die sie zu seinem Wohlbefinden zu kreisen haben. Meist aber ist er für sie unsichtbar. Er sitzt in seinem Arbeitszimmer, schreibt Hunderte von Aufsätzen für das *Dictionary of National Biography*, das er herausgibt. Er ist gelehrt, und Gelehrte sitzen in seinem Salon, Schriftsteller, Künstler. Henry James, Thomas Hardy, George Eliot, William Makepeace Thackeray, Alfred Tennyson. So anregend die Besucher sind, so düster ist oft das standesstrenge Leben im Haus, eng und bedrückend. Ein Leben mit angehaltenem Atem, das sich Virginia auf die Seele legt, die an schlimmen Tagen von hoffnungsloser Traurigkeit begraben wird. „Als wäre ich, durch einen Hammerschlag betäubt, schutzlos und wehrlos einer ganzen Lawine des Ausgeliefertseins preisgegeben, die sich zusammengeballt hatte und auf mich herabstürzte."

Ganz anders Talland House, das die Familie als Sommerfrische an der Küste in St Ives gekauft hatte. „Ich könnte Seiten mit einer Erinnerung nach der anderen füllen: Mir wird noch jetzt heiß – als wäre alles reif, summend und sonnig, als röche ich so viele Gerüche zugleich, und alles vereint sich zu einem Ganzen und lässt mich noch jetzt innehalten – so wie ich damals innehielt, als ich zum Strand hinunterging: Ich blieb oben stehen, um auf die Gärten hinabzuschauen. Sie lagen tiefer als der Weg. Die Äpfel hingen in Kopfhöhe. Aus den Gärten drang Bienengesumm herauf, die Äpfel waren rot und golden; auch rosa Blumen gab es dort und graue und silbrige Blätter, dass ich stehen blieb und schnupperte und schaute." – „Am Hang des Hügels gab es kleine Rasenflächen, die von dichten blühenden Büschen eingerahmt waren, deren Blätter man pflückte, zusammenpresste und an denen man roch." Ausritte, Wanderungen, Segeln, das Klettern zwischen den Küstenfelsen: „Ein unschätzbares Geschenk." Dort fühlt sie sich über Jahre immer wieder frei. Ein Landhaus im Dorf Firle, das sie Little Talland House nennt, Asham House, dann Monk's House – lebenslang wird sie das Geld aufbringen, um diese Freiheit wiederzufinden. In der Hyde Park Gate aber wird ihr ein Lebensmühlstein um den Hals gehängt, der sie endgültig herabzieht. „Es war, als stünden an einem strahlenden Frühlingstag die jagenden Wolken plötzlich still, würden dunkel und ballten sich zusammen."

Die Mutter stirbt. Sie war das Herz des Hauses. Ihre Gelassenheit hatte Licht in die finsteren Flure gebracht. „Mit dem Tod meiner Mutter war das fröhliche, abwechslungsreiche Familienleben, das sie aufrechterhalten hatte, für immer zu Ende. Statt seiner senkte sich eine düstere Wolke auf uns herab." Das Haus in der Hyde Park Gate verstummt, die Gäste bleiben weg, selbst die frohen Sommer haben ein Ende. Talland House wird verkauft. „Ein Finger schien sich auf unsere Lippen gelegt zu haben." Einer aber verstummt nicht: der Vater, der sich nicht mehr zurechtfindet. Der Haushalt, die Kinder, die Abendgesellschaften: Die Tote hatte ihm aufopferungsvoll und stillschweigend den Alltag vom Hals gehalten, ihn umsorgt und sich aufgerieben. Zwar übernimmt die Halbschwester Stella die Hauspflichten, doch auch sie stirbt, und fortan findet der Vater nicht mehr aus der Trauer. Er irrt durch das Haus oder sitzt bewegungslos im Ohrensessel, er jammert, klagt, schluchzt. Wut und Selbstmitleid – neun lange Jahre. „Er war ein Despot von unfassbarem Egoismus." Der Schmerz der Kinder zählt für ihn nicht. Seiner schon. Noch schlimmer für Virginia aber: der Halbbruder George. „Ich kann mich noch an das Gefühl erinnern, als seine Hand sich unter meine Kleider schob und sich energisch und ständig immer tiefer vorschob." Immer und immer wieder.

Sie schämt sich, wird schweigsam und beginnt sich zu verachten.

Sie ekelt sich vor ihrem Körper, doch darüber sprechen – unmöglich. Das Haus in der Hyde Park Gate war zur bürgerlichen Fassade geworden, die sie einreißen, als der Vater 1904 stirbt. Nach seinem Tod aber zahlt Virginia den Preis der jahrelangen Anspannung: ihr erster schwerer Anfall.

Schlaglicht zwei: London, Bloomsbury, Gordon Square. Neues Leben in einem neuen Haus. „Erst einmal war es schon wunderbar, am Salonfenster zu stehen und in alle diese Bäume hineinzuschauen, den Baum anzuschauen, der seine Äste in die Luft hinaufschießt und sie dann in Kaskaden hinunterfallen lässt; den Baum, der nach einem Regen wie der Körper eines Seehunds glänzt – statt die alte Mrs. Redgrave gegenüber zu beobachten, wenn sie sich den Hals wäscht.

Die Helle und die Luft waren nach dem schweren roten Dunkel in der Hyde Park Gate eine Offenbarung." Wunderbar auch: Am Gordon Square wohnen die Stephengeschwister frei von der Bedrückung, ohne Gerald – und ohne George. „Alles musste neu, alles musste anders sein. Alles wurde ausprobiert." Jung sind sie, ausgelassen und albern, todernst und furchtbar gescheit und sie überschreiten die Grenzen ihrer Erziehung. Und sie sind nicht allein. An jedem Donnerstag bringt Thoby seine Cambridgefreunde mit, die allesamt brillant sind. Sie sitzen zusammen und schweigen sich an, doch ein klug hingeworfenes Wort genügt, um sich heißzureden. Politik, Wissenschaft, Kunst – nichts wird ausgeklammert, vor allem nicht Bett und Liebe, über die sonst nur mit vorgehaltener Hand getuschelt wird. „Mit der gleichen Erregung und dem gleichen Freimut, mit dem wir über das Wesen des Guten gesprochen hatten, sprachen wir nun über Beischlaf." Virginia redet viel über Bett und Beischlaf, aber sie empfindet nicht viel mehr als ein Fels. Sie fühlt die Hand des Bruders noch immer. Nicht alle aber reden nur und selbst das Verbotene wird ausgelebt. Frauen mit Frauen, Männer mit Männern – das ist egal, obwohl darauf noch immer Gefängnis steht. Die Zwänge der einengenden Gesellschaftsregeln brechen – das ist ihre Absicht, die sie auch zeigen. Keine Seidenkleider mehr zum Abendessen, kein Frack: Sie kleiden sich betont schmuddelig. Für die guten Bürger sind sie ein Schandfleck im gediegenen London, doch die „Bloomsbury group" hat Zulauf, eben weil sie sich über alle Steifheit hinwegsetzt. In ihr ist alles erlaubt außer Dummheit, und sie ist über Jahre in vielen Mündern, selbst in denen des britischen Oberhauses, denn sie entlarven „God save the King" und „Britannia rule the waves" als hohles Gehabe, das überheblich dem Ersten Weltkrieg entgegentrudelt.

10. Februar 1910, Ihrer Majestät Schlachtschiff *Dreadnought*: Dem Oberbefehlshaber hatten sie gekabelt, der Kaiser von Abessinien gedenke das Flaggschiff der britischen Flotte zu besichtigen. Der Streich gelingt. Mit angeklebtem Bart, Turban, Kaftan, kohlschwarz geschminkt, gehörig Kauderwelsch brabbelnd, geht auch Virginia mit an Bord. Die Flaggen werden gehisst, eine Kapelle spielt zu Ehren des Kaisers, Offiziere führen sie durch das Schiff, das als „geheim" eingestuft ist. Ziel erreicht: Der ganze Stolz des Empire, die Royal Navy, ist bloßgestellt. Die Flotte verlangt, sie in Haft zu nehmen, doch sie haben kein Gesetz gebrochen. Einer der Verschworenen ist mit sechs Stockschlägen einverstanden, aber nur wenn er zurückschlagen darf. Einer wird entführt und auf einer Wiese verprügelt und schlurft danach für alle sichtbar in Pantoffeln zurück. Die Lords des Oberhauses toben.

Schlaglicht drei: Nach den bedrückenden Jahren war Virginia aufgelebt.

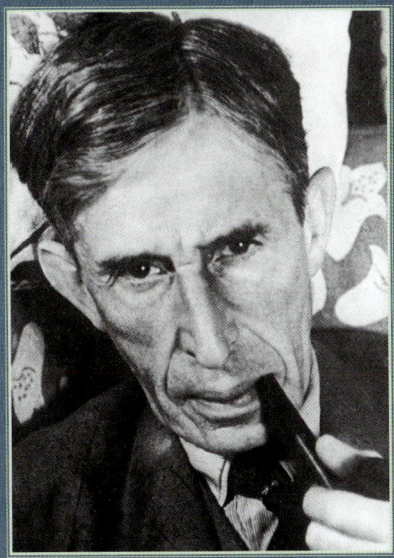

Leonard Woolf (1880–1969)

Der Schriftsteller Lytton Strachey war ebenfalls Mitglied der berüchtigten „Bloomsbury group".

Virginia Woolf, 1929

„*Die größte Klugheit einer klugen Frau besteht darin, ihre Klugheit nicht zu zeigen.*"

Anfangs schweigt sie noch bei den Donnerstagstreffen, doch bald legt sie ihre Hemmungen ab, auch die zu schreiben, und die „Bloomsbury group" stärkt ihr den Rücken, die weiter für Aufruhr in der guten Gesellschaft sorgt. „Geschichten begannen die Runde zu machen, wonach wir uns öffentlich entkleidet hätten." Ihr Bruder Thoby war gestorben, ihre Schwester Vanessa hatte geheiratet und Gordon Square behalten. Virginia zieht daher mit ihrem Bruder Adrian an den Brunswick Square und sie nehmen Untermieter auf. Eine Unverheiratete und vier Männer in einem Haus: wieder Gezeter. London rümpft die Nase. Einer der Männer aber ist Leonard Woolf. Schon einmal, bei einem Abendessen 1904, hatten sie sich getroffen, danach war er für sieben Jahre als Kolonialbeamter nach Ceylon gegangen. Nun ist er zurück und beginnt sie zu umwerben, gleichwohl er um ihre Zusammenbrüche weiß, die sie immer wieder in Heilanstalten zwingen. „Die offensichtliche Herausforderung der Ehe steht mir im Wege." Sie hat Angst. Zu sehr steckt ihr der Vater und das Brudererlebte in den Knochen, doch er lässt nicht locker, bis er sie überzeugt. „Nie hast Du, seit ich dich kenne, irgendetwas getan, das irgendwie gemein gewesen wäre – wie ist das möglich? Du warst einfach vollkommen zu mir." Anfangs ist sie brüsk, harsch und hart zu ihm, doch auch Virginia kann nicht völlig aus der Haut ihrer Zeit. „Unverheiratet – ein Versager – kinderlos – dazu geisteskrank und kein Schriftsteller." Ehelos zu sein, ist ein Makel. Auch für sie. Sie sucht daher keinen Bettgenossen, sie sucht einen Gefährten, und in Leonard Woolf findet sie ihn dann doch. „Wenn du nicht da bist, verschwindet die Farbe aus dem Leben, wie Wasser aus einem Schwamm; und ich existiere nur noch, trocken und staubig." Sie heiraten 1912 und die Ehe wird eine Liebesgeschichte der anderen Art. Sie wird Frauen vorziehen, er wird ihr das nachsehen und hinnehmen, dass sie ihn zurückweist, und dennoch verständnisvoll und liebend bleiben und für sie sorgen und ihr Schreiben fördern.

„Sie ist die einzige Frau auf Erden mit genügend Verstand: dass es sie gibt, ist ein Wunder."

Schlaglicht vier: Das Schreiben der Virginia Woolf. Erfüllung und Qual zugleich. Sie ist begabt, doch höheren Töchtern ist allenfalls erlaubt, für die Schublade zu kritzeln. Sie aber will mehr, und ohne die Elternfessel ist sie frei zu schreiben, weil sie schreiben muss und weil sie schreiben kann.

Leidenschaftliche Tierliebhaber: Leonard und Virginia Woolf

„Viele erfolgreiche Männer haben keine erfolgreichen Qualifikationen außer der, keine Frau zu sein." Die Bücherwelt gilt noch immer als Männerwelt. Sie aber beißt sich dennoch durch. *The Voyage Out* entsteht und die Romanarbeit fordert ihr alles ab. Wird das Buch erscheinen? Wie werden die Besprechungen sein? Was sagen die Leser? Wird der Verlag das Geschriebene ändern oder nur behutsam eingreifen? Und: Schreiben wollen ist das eine, vom Schreiben leben das ganz andere. Leonard Woolf hatte gekündigt. Er schlägt sich mit Schreibarbeiten durch, doch die sind schlecht bezahlt und ihr Erbteil ist nicht allzu üppig. Wovon sollen sie leben? Mit jeder Ungewissheit wächst die Anspannung, die sie nicht erträgt. Wahnvorstellungen und Selbstmordversuch: Fast ein Jahr verbringt sie in einer Anstalt, ehe sie Leonard Woolf nach Hogarth House holt, das sie in London gemietet hatten, doch vergeblich. Tage bevor *The Voyage Out* im Frühjahr 1915 erscheint, ein Rückfall. Vier Krankenschwestern lassen sie Tag und Nacht nicht aus den Augen. Und wieder ihr Körperekel: Sie weigert sich zu essen, bis die Knochen hervorstehen. Erst im Herbst verlässt die letzte Pflegerin Hogarth House. Gesund aber ist sie nicht und bei fast allen ihren Büchern wird sie wieder hilflos vor ihrem Seelenabgrund stehen.

Leonard Woolf ist ihre Rettung. Er verbietet Besuche, redet ihr behutsam zu, kocht für sie und schreibt ihr einen festen Tagesplan vor, um ihr ein Gerüst zu geben, und so findet sie langsam ins Leben zurück. Ihre Krankheit aber ist teuer und noch bringt beider Schreiben nicht genug ein, doch sie haben einen zündenden Gedanken: Sie kaufen eine Druckerpresse, um einen eigenen Verlag zu gründen, die *Hogarth Press*, in der die meisten Bücher der Virginia Woolf künftig erscheinen werden. Und die Woolfs haben Gespür: Mit Holzschnitten, Bildern, Zeichnungen ist die Aufmachung der Bücher so fortschrittlich wie die Schreiber, die sie für sich gewinnen. T. S. Eliot wird bei ihnen herauskommen, Rainer Maria Rilke, Sigmund Freud, Hugh Walpole, H. G. Wells, Rebecca West. Bei James Joyce aber versagt ihr Gespür, obwohl Leonard noch versucht, einen Drucker zu finden, genauso wie bei Jean-Paul Sartre, den sie ablehnen. Anfangs sind die handgemachten Auflagen klein, und doch wird die *Hogarth Press* zu einem der wichtigsten Verlage seiner Zeit werden, mit der wichtigsten Autorin seiner Zeit: Virginia Woolf, die zu ihrem einzigartigen Schreiben findet. „Der Wahnsinn ist eine schrecklich-schöne Erfahrung und nicht zu unterschätzen; in seiner Lava finde ich noch immer den Großteil der Dinge, über die ich schreibe." Ihr Schreiben heißt Beobachtung. Sich selbst und andere. Sie bündelt einen Strom von Eindrücken, die sie mit einem Wimpernschlag erfasst, und Seiten über Seiten hält sie den einen Augenblick fest, um mit ihm eine ganze Welt zu erzählen: *Kew Gardens*. Sie gibt das althergebrachte, vielstimmige Erzählen auf, denn nur ihre innere Stimme spricht: *Jacob's Room*,

das zugleich mit *Ulysses* von James Joyce
erscheint. Ihre innere Stimme wird
die Stimme der aufkommenden
Frauenbewegung, weil sie für Freiheit,
Gleichheit, Selbstbestimmung, Unabhängigkeit eintritt: *A Room of One's
Own.* So erfolgreich sie aber ist, so sehr
wird sie lebenslang an sich zweifeln,
doch Leonard Woolf stützt sie, und die
Hogarth Press gibt ihr Sicherheit, denn über die eigenen Bücher zu bestimmen, sie auszustatten, zu
drucken, zu vertreiben, nimmt Virginia Woolf zumindest die Furcht, sie aus der Hand zu geben,
und obschon die Bücher herzustellen eine Plackerei ist, füllt die tägliche Arbeit sie aus, lenkt sie
ab und tut ihr gut, und während der lustvollen Grauen des Schreibens beruhigt zudem eines
besonders ihr Gemüt: Asham House, das sie sich vorzeiten auf dem Land gemietet hatte, um sich
an freien Tagen von den Aufregungen Londons fernzuhalten. Ihr Erbteil hat ihr Asham House
ermöglicht. Rasches Handeln ist daher gefragt, als ihnen das Cottage gekündigt wird. *The Voyage
Out (Die Fahrt hinaus), The Mark on the Wall (Das Mal an der Wand):* Ihre Geschichten bringen
vorerst nicht viel ein, doch die *Hogarth Press* druckt, und auch Leonard Woolf verdient besser als
zu Beginn, und so kratzen sie die 800 Pfund zusammen, um von Asham House ins nahe Rodmell
zu radeln. Der Hammer fällt, das heruntergekommene Monk's House gehört ihnen. Die meiste
Zeit des Jahres wohnen sie zwar weiter in London, Monk's House aber wird bis zu ihrem Tod
die ländliche Fluchtburg der Virginia Woolf, die sie vor den Alltagswirren schützt. Schlaglichter
Ende – Ankunft in Monk's House.

„Wir leben hier in äußerster Bescheidenheit." Gleich in der ersten Nacht überflutet Regen-
wasser die Küche, und Jahre werden vergehen, ehe Monk's House gerade eben bewohnbar ist.
„Aus Asham wegzugehen, war schlimm genug. Ich kann es noch gar nicht verwinden, auch wenn
Leonard dies hier vorzieht, vor allem wegen des Gartens, der uns mit Birnen und Pflaumen und
Äpfeln und Gemüse überschüttet." Spül- und Kochküche werden zusammengelegt, ein Herd
wird angeschafft, Wasser indes muss noch lange mit der Hand gepumpt werden. „Am einen Ende
wurde gebacken, am anderen gebadet": Fünf Jahre steht die Zinkbadewanne in der Küche, erst

dann reicht ihr Geld für ein eigenes Bad und Badeofen mit dem „Luxus von Sturzfluten kochend heißen Wassers". Und doch:

„Hier erleben wir kurze Augenblicke himmlischer Einsamkeit.

Warum bleiben wir nicht für immer und ewig hier und genießen diesen unsterblichen Rhythmus, in dem die Seele und das Auge gleichermaßen Ruhe finden? So sprach ich, und L sagte tatsächlich: Du bist gar nicht so dumm, wie man meinen möchte." In den Unbilden der ersten Jahre gleicht der Garten, in dem zwei gewaltige Ulmen stehen, vieles aus und vor allem Leonard Woolf begeistert die Gartenarbeit: „Leonard ist inzwischen ganz von Gärtnerstolz durchdrungen, so nennt man es wohl. Ständig zieht es uns nach draußen." Sie räumen den verwahrlosten Garten auf, beschneiden die Obstbäume, und er haut sich die Hände blutig, denn die Hippe, die sie ihm schenkt, trifft nicht nur die Äste. „Auch der Garten wird renoviert. Ständig fällt ihm etwas Neues ein." Sie pflanzen Kartoffeln, Bohnen, Kohl, gelbe Rüben, und Zwiebeln, die sie verkaufen, sie backt Brot, kocht Marmelade ein und wird von seiner Gartenbegeisterung angesteckt. „Den ganzen Tag Unkraut gejätet & die Beete fertig gemacht, in einer eigentümlichen Art von Begeisterung, die mich dazu brachte zu sagen, das ist Glück." Den Dorfkindern schenken sie Äpfel, die sie ohnehin stehlen würden, und nach London schicken sie Gemüse, um Familie, Freunde, Bekannte zu versorgen. „Wir sind sehr freigiebig, und wenn jemand Blumen für eine Beerdigung braucht, fragt er uns." Sie beseitigen eine Kirschlorbeerhecke, um freien Blick auf die Auenwiesen hinter der Gartenmauer zu bekommen, legen Beete für Erdbeeren an und Salat, und sie bauen den Geräteschuppen im Garten um, damit Virginia Woolf im „finsteren Horrorkabinett der Krankheit" die Ruhe findet, um zu schreiben. „Wir haben Blumenbeete in Ziegel gefasst. Wir haben ein Gartenzimmer. Alles blüht, was auf Erden wächst. Zum Frühstück gibt es Birnen." An ihren trüben Tagen lindert der Garten die Schwermut, und Leonard Woolf hält sie als „Waffe gegen den kalten Wahnsinn" zum Gärtnern an, das sie beruhigt. „Die Nächte lang und lau; die Rosen blühen; und der Garten ist voller Lust und Bienen, ein Getummel in den Spargelbeeten." Auch das Haus gedeiht Jahr für Jahr mehr. Wände werden eingerissen, um die engen Kammern zu weiten, die Hausmauer wird durchbrochen, um weitere Fenster einzusetzen, und für Virginia Woolf wird ein eigenes Schlafzimmer angemauert, das nur über den Garten zu betreten ist. Je erfolgreicher ihre Bücher werden, desto angenehmer wird das Leben in Monk's House. „Wir werden zwei Wasserklosetts bekommen. Eines bezahlt uns *Mrs. Dalloway*, das andere *Der gewöhnliche Leser*." Virginia Woolf kauft Möbel, Bilder, Teppiche, um aus dem heruntergekommenen Cottage in "schäbiger Lässigkeit" ein heimeliges Landhaus zu zaubern, das nun selbst an kalten Tagen Wärme gibt. „Wir haben unser neues Wohnzimmer und ein prasselndes Kaminfeuer und sitzen daher sehr gemütlich.

Leonards Garten war das reinste Wunderwerk –
gewaltige weiße Lilien und ein solches
Dahlienfeuer, dass man das Leuchten selbst
am heutigen Tag spürt."

Das Haus in Schuss zu bringen, ist ihre Aufgabe, der Garten dagegen seine, für den sie die Wiese hinter der Gartenmauer zukaufen, um ihn zu erweitern, zumal ihnen droht, dass sie blickverstellend bebaut wird. „Wir schmieden alle möglichen ehrgeizigen Pläne: Terrassen, Pavillons, Teiche." Italienischer Garten, Gemüsegarten, Obstwiesen, Feigengarten, ein Teichgarten mit Wasserpflanzen und Goldfischen, einem Karpfen und Seerosen, Kräuter im Küchengarten, Blumenbeete vor ihrem Schlafzimmer, ein Wintergarten am Haus, in dem Kakteen blühen – der von Ziegelsteinwegen durchschlungene Garten von Monk's House wächst und wächst unter Leonard Woolfs Händen. „Er hat wahrlich die Veranlagung zum fanatischen Liebhaber dieses Gartens." Kaum ist ein Gartenteil fertig, wird ein neuer erdacht und in Angriff genommen, bis der Garten so groß wird, dass Vita Sackville-West, die für Jahre Virginia Woolfs Geliebte ist, kopfschüttelnd lästert: „Man kann Versailles nicht auf einem halben Hektar Land in Sussex nachbauen, es geht einfach nicht." Doch was geht, ist, den ausgedehnten Garten in die Landschaft zu fügen. „Wir wässern die Erde mit unserem Geld." Beete gehen in Rasen über, der Rasen in Wiese, die Wiese ins Land, und durch den Garten tobt bald eine Hundemeute, und ein Äffchen sitzt auf Leonard Woolfs Schulter, der dick eingepackt mit verschlissener Cordhose, Tweedjackett und festen Leder-

schuhen ihr Reich nicht nur gegen die nahe Ouse verteidigt, als sie über die Ufer tritt. „Der Garten ist voller Zinnien. Die Zinnien sitzen voller Schnecken. L geht nachts mit einer Laterne hinaus und sammelt Gehäuseschnecken, ich kann hören, wie er sie knackt." Bienenhäuser werden gebaut für eigenen Honig, sie weckt das Obst ein, und schleichen sich die ständig lauernden „Schrecken aus der dunklen Truhe der Krankheit" an oder nimmt sie ihr Schreiben zu sehr mit, fordert Leonard Woolf sie für den Garten ein. „Leonard will, dass ich ihm beim Apfelpflücken helfe; ich muss also aufhören und meinen Platz in der Baumkrone einnehmen." Sie packt mit an, doch die Tage in Monk's House sind für sie vor allem Tage der Ruhe, des Lesens und des Schreibens, das sie bewältigt, weil für sie noch immer das strenge Tagesgerüst gilt, das Leonard Woolf ihr auferlegt hat. Er hat ein Auge auf sie, achtet darauf, dass sie ungestört ist. Gäste sind dennoch willkommen, wenn auch nicht allzu gern gesehen. „Ehrlich gesagt: wenn tatsächlich Besuch kommt, freue ich mich, aber wenn er geht, bin ich heilfroh." Und damit sie abgeschieden schreiben kann, wird für sie statt des alten Geräteschuppens ein Gartenhaus als Schreibstube in Auftrag gegeben, das, schon begonnen, noch einmal verlegt wird. „Wir überlegen, ob wir dieses Häuschen unter den Baum bei der Kirchhofmauer versetzen. Wick's Kostenvoranschlag lautet auf 157 Pfund – das erscheint extrem. Schließlich handelt es sich lediglich um eine Laune: Verbessert die Aussicht, aber vielleicht ist eine verbesserte Aussicht 157 Pfund wert." Sie ist den Preis wert: „Das neue Haus wird gerade im Obstgarten errichtet. Vorn kann man die Türen weit öffnen. Ich glaube, im Sommer werde ich nachts dort schlafen."

Der Garten von Monk's House: Eindrücke. „Die Obstwiese war herrlich und der Garten ganz so, wie ich ihn mag – stark gegliedert, eine Flickendecke aus Bäumen, Sträuchern, Blumen, Gemüse, Obst, Rosen und Krokussen, die sich fast mit Kohlköpfen und Johannisbeersträuchern vermischten." „Es gibt Momente, da ist es hier himmlisch schön – heiß, Vögel, Osterglocken, blauer Himmel." „Unser Garten ist ein bunt gescheckter Chintz: Sommer- und Herbstastern,

links: *Orlando*, 1928
rechts: Kriegserklärung 1939:
ein Zeitungsverkäufer in London.
Foto vom 3. September 1939

Zinnien, Geum, Kapuzinerkresse & so fort: alle in strahlenden Farben, aus Buntpapier geschnitten, steif aufrecht, wie Blumen gehören." „Der Garten könnte schöner nicht sein: Das große Beet ist mit leuchtenden Blüten bedeckt, sodass ihre Blütenblätter sich fast berühren." „Noch nie war der Garten so herrlich – selbst jetzt ist er wie entflammt; er blendet uns schier mit Rot & Rosa & Violett & Malvenblau; die Gartennelken in mächtigen Sträußen, die Rosen lichterhell entflammt." „Es ist wunderschön im Garten; abends leuchten Leonards Blumen plötzlich auf." „Wie glücklich ich bin: wie ruhig, wie süß ist momentan das Leben hier mit L, in seinem Gleichmaß & seiner Ordnung, & der Garten & abends das Zimmer & und die Musik & meine Spaziergänge & das Schreiben leicht & engagiert."

Die Jahre in Monk's House, die Jahre im Garten: *Night and Day* entsteht, *To the Lighthouse, The Waves, The Years* oder *Orlando*, die Geschichte, mit der sie ihrer Geliebten Vita Sackville-West ein Denkmal schreibt. *Orlando*, der als Mann und als Frau durch die Jahrhunderte lebt: der „längste und charmanteste Liebesbrief der Literatur". Und der erfolgreichste. Mit *Orlando* ist die Zeit der Geldsorgen vorbei. Sie leisten sich ein Auto, das Virginia Woolf eifrig, aber herzlich schlecht fährt, eine Köchin versorgt sie, und ein Gärtner wird angestellt, denn der Garten von Monk's House ist so weitläufig geworden, dass er von Leonard Woolf allein nicht mehr zu bewältigen ist. „Pausenlos reden sie – wie alte Greise in Gamaschen." Doch sie reden nicht nur bei der Gartenarbeit, sie streiten sich auch, weil der Gärtner oft genug seine eigenen Vorstellungen hat, mit denen er Leonard Woolf ins Gehege kommt. Mal kündigt er dem Gärtner, mal der Gärtner ihm. „Alle zwei Jahre gibt es eine Explosion." Doch beiden liegt am Garten, und so bleibt er. Die Jahre in Monk's House, die Jahre im Garten: Sie enden nur allzu rasch, denn ihr glückliches Landleben ist ein Leben zwischen den Kriegen.

„Wir sind sicher in unserem Garten."

Das hört auf, als England am 3. September 1939 den Krieg an Hitlerdeutschland erklärt. Englische Truppen kämpfen in Frankreich, doch sie werden geschlagen und an die Küste zurückgedrängt. Die Wehrmacht besetzt Holland und Belgien, und die Luftschlacht um England beginnt, in der das Haus der Woolfs in London von einer Bombe getroffen wird. Sie beschließen, London aufzugeben, um ganz in Monk's House zu wohnen, doch zwischen Monk's House und der deutschen Armee liegt nur noch der Ärmelkanal, und die nahe Küste gilt als Landungszone bei ihrem erwarteten Einmarsch. Die Woolfs wissen, was das heißt: Leonard Woolf ist Jude. Und so bereiten sie sich vor. Sie tragen Giftkapseln bei sich, und in der Garage horten sie Benzin, um sich mit Autoabgasen zu ersticken.

„Noch nie war der Winter so mittelalterlich. Der Strom fiel aus. Wir kochten über dem Kaminfeuer, verzichteten aufs Waschen, schliefen in Strümpfen und Schals": Der erste Kriegswinter ist bitterkalt, doch auch die Sommertage sind nicht mehr lauschig und still. Die englische Armee hatte angeordnet, dass auf ihrer Wiese hinter dem Haus ein Bunker gebaut wird, und über dem Haus donnern nervenzehrend die deutschen Bomber. „Tiefe Feierstille hält die Luft. Bis 8 Uhr 30, wenn das grimmige Schwirren am Himmel beginnt; die Flugzeuge auf dem Weg nach London. Die Ulme besprenkelt den Himmel mit ihren kleinen Blättern. Unser Birnbaum ganz mit Birnen behängt. Sollte ich an den Tod denken?" Sie wird schmal und blass, denn auch der zweite Kriegswinter wird hart. Die Vorräte neigen sich, die sie noch immer großzügig verteilen, und Virginia Woolf kommt aus ihrer Schafswolljacke nicht mehr heraus. „Das war meine Rettung. Ich wohne darin." Die Sorgen aber nehmen sie mit und Leonard Woolf kann sie nicht mildern. Diesmal nicht. „Virginia steht kurz vor einem Nervenzusammenbruch und ist ernsthaft erkrankt. Der Krieg, das Essen & die Kälte fordern ihren Tribut und ich habe es schon eine Weile kommen sehen." Was er nicht kommen sieht, ist den 28. März 1941. Virginia Woolf sitzt in ihrem Gartenhaus. Sie schreibt ihm einen Brief. „Liebster, ich spüre genau, dass ich wieder wahnsinnig werde. Ich glaube, dass wir eine solch schreckliche Zeit nicht noch einmal durchmachen können. Und diesmal werde ich nicht wieder gesund werden. Ich höre Stimmen und ich kann mich nicht konzentrieren. Darum tue ich, was mir in dieser Situation das Beste scheint. Du hast mir das größtmögliche Glück geschenkt. Du bist mir alles gewesen, was einer einem sein kann. Ich glaube nicht, dass zwei Menschen haben glücklicher sein können – bis die schreckliche Krankheit kam. Ich weiß, dass ich Dir Dein Leben ruiniere. Was ich sagen möchte, ist, dass ich alles Glück meines Lebens Dir verdanke. Alles, außer der Gewissheit Deiner Güte, hat mich verlassen." Sie hinterlegt den Brief, geht über die Wiese zur Ouse, stopft sich Steine in den Mantel und ertränkt sich. Wochen später erst wird sie gefunden. Ihre einstige Geliebte, Vita Sackville-West: „Ich kann es einfach nicht fassen. Dieses herrliche Wesen, dieser herrliche Geist. Und sie schien so wohl zu sein, als ich sie das letzte Mal sah. Sie muss ganz von Sinnen gewesen sein, sonst hätte sie Leonard nicht so viel Entsetzen und Kummer bereitet." Ihre Asche wird unter einer der beiden großen Gartenulmen begraben, deren Äste ineinandergewachsen sind, und achtundzwanzig Jahre später erst wird auch er sein Grab unter der zweiten Ulme finden, die sie zu ihren Lebzeiten „Virginia" und „Leonard" genannt hatten.

Monk's House: Garten mit den durch Büsten und Gedenktafeln markierten Gräbern der Woolfs

Vita Sackville-West

(1892 – 1962)

Es ist ein Garten, um den ich jemanden beneiden würde

Vita Sackville-West: „Die Unmenge alter Bettgestelle, alter Kohlstrünke, alter, zusammengefallener Trockenklosetts, Drahtknäuel und die Berge von Sardinenbüchsen, alles verfilzt in einem Wirrwarr von Winden und Zwergholunder, hätte ausgereicht, jedermann zu entmutigen. Doch als ich den Ort an einem Frühlingstag des Jahres 1930 zum ersten Mal sah, entflammte er auf den ersten Blick mein Herz und meine Fantasie. Ich sah, was daraus zu machen war.

*Es war Dornröschens Garten:
aber ein Garten, der nach Befreiung schrie.*

Und es war leicht vorauszusehen, sogar zu diesem Moment, welchen Kampf es uns kosten würde, ihn zu befreien." Harold Nicolson: „Also, meine Ansicht ist die folgende: a) dass es höchst unklug von uns wäre, Sissinghurst zu kaufen. Wir brauchten 12 000 Pfund dafür, und es wird weitere 15 000 Pfund kosten, um es instandzusetzen. Das heißt fast 30 000 Pfund, bevor wir irgendetwas damit machen können. Für 30 000 Pfund können wir ein wundervolles Haus, komplett mit Park, Garage, Heißwasserversorgung, Zentralheizung, historischer Bedeutung und zwei Torhäusern, rechts und links davon, erwerben. b) dass es sehr klug von uns wäre, Sissinghurst zu kaufen. Durch seine Adern fließt das Blut der Sackville-Dynastie. Sicher, es kommt aus der weiblichen Linie – aber Knole ist letztendlich auf die gleiche Weise an die Familie gekommen. Für dich ist es ein alter Familienbesitz: Das wiegt die Heißwasserversorgung und Zentralheizung auf. c) es liegt in Kent. In dem Teil von Kent, den wir lieben. Es ist in sich abgeschlossen. Es versorgt sich selbst. Ich könnte einen Teich anlegen. d) Wir mögen es."

Knole House in Kent

Harold Nicolson (1886–1968)
auf einer Bahnreise, 1935

Stichwort: Dynastie. Stichwort: Knole. Geboren wird „the Honourable", die Ehrenwerte Victoria Mary, „Vita", Sackville-West 1892 auf Knole House in Kent, einem der Herrensitze Englands überhaupt: Sieben Innenhöfe für die Tage der Woche soll Knole haben, 52 Treppen für die Jahreswochen, 365 Zimmer. Tuchverhangene Tische, Stühle, Leuchter: Die meisten Zimmer werden nicht genutzt. An ihren Wänden verstaubte Gemälde der Vorfahren durch die Jahrhunderte. Der Stammbaum der Barone von Sackville wurzelt in den Tagen der Normannen Wilhelm des Eroberers. Der vollgekramte Dachboden ist eine Welt für sich. Darüber Zinnen, Kamine, mit steinernen Ungeheuern besetzte Giebelecken, davor eine gewaltige Rasenfläche, eine Kiesauffahrt, die sich streckt, ein Park, schier endlose Ländereien, Wiesen, Felder, durch die sie stromert, „immer schmutzig und zerzaust". Eine Göre ist sie, ein Fratz, der die Nachbarskinder mit Brennnesseln peitscht. Sie zu erziehen, wird adelsüblich von Hauslehrern übernommen, ansonsten bleibt sie sich selbst und ihren Kinderfrauen überlassen, die zu den „downstairs" zählen, einem Schwarm aus Köchin, Küchenhilfen, Stubenmädchen, Kutscher, Kammerdiener, erstem Diener, zweitem Diener, der für die „upstairs" sorgt. Im Garten darf sie toben, auf ihr gutes Benehmen bei Tisch oder in Gesellschaft hingegen wird strikt Wert gelegt, um für eine standesgemäße Partie gerüstet zu sein.

Ihre Partie heißt Harold Nicolson. Mit „Lord" wird er aus Höflichkeit angesprochen. Als Drittgeborenem steht ihm nicht zu, sich Baron Carnock zu nennen.

Und ihr steht nicht zu, Knole zu übernehmen. Sie ist das einzige Kind, doch Töchter werden zwar versorgt, sind sonst aber vom Erbe ausgeschlossen. Das Anwesen geht an ihren Onkel. Eine bleibende Wunde, die erst mit Sissinghurst verheilt, denn Knole House hat sie geliebt.

Was gleichfalls bleibt: Die Dame, zu der sie erzogen wurde, bewegt sich zwischen Leutseligkeit und Adelsdünkel. Die Treppe von oben nach unten wird sie nur selten gehen. Sie ist ganz „upper class" und für die nach Adelstratsch gierigen Klatschspalten wird sie zum gefundenen Fressen

Vita Sackville-West

Historisches Foto des Ballsaals
von Knole House um 1889

werden. Blätterwaldrauschen: Er, der Diplomat Ihrer Majestät, ein Politiker, der sich erst für das britische Unterhaus, dann für das Oberhaus bewirbt, dazu ein Schriftsteller, der über Byron, Verlaine, Swinburne, Tennyson schreibt. Sie, die hochfahrende Adelige, schillernd, extravagant und mondän, gern gesehener Gast der Riviera oder der Côte d'Azur, perlenbehangen bei königlichen Pferderennen, mit einer Schwäche für schnelle Wagen, erfolgreiche Schriftstellerin, schnurrbärtiges Mannweib in Reithosen und Schaftstiefeln. Und beide zusammen: „Sie waren mehr als Liebende, sie waren Freunde." Nach ihren erbfolgesichernden zwei Söhnen wenden sie sich ihren Geliebten zu. Er seinen Männern, sie ihren Frauen. Großen Hehl machen sie nicht daraus. Gemunkel und Gerüchte zuhauf: Die Skandalblätter haben zu tun und ihre Abenteuer werden der Welt genüsslich ausgebreitet. Was der Welt dagegen verborgen ist: ihr Leben in Sissinghurst Castle. Ausnahme: der Garten. Als sie ihn nach Jahren der Arbeit öffnen, drängen sich rasch die Besucher, die sie „the Shillings" nennen, weil sie einen Schilling in eine Gießkanne werfen müssen, um ihn zu betreten. Sie zahlen gern, denn der Garten von Sissinghurst gilt als einer der schönsten Englands, und nicht lange, und das verschlafene Dorf Sissinghurst sieht seinen ersten Verkehrsstau und sie richten eine öffentliche Toilette ein. Noch mehr hochwillkommene Schillinge für sie, die allesamt der Garten aufsaugt.

oben und nächste Seite: Blumenmeer in Sissinghurst. Unter anderem Harold Nicolson so verhasste Fackellilien, ansonsten bescheinigt er seiner Frau einen „außerordentlichen Geschmack".

„Ich fühle, dass wir hier etwas Besonderes geschaffen haben; etwas Liebliches und Friedvolles ist unter unseren Händen aus Ruinen erstanden."

„Eine schlafende Schönheit." Am Beginn der „Burg": die Ruinen. Der Garten ist eine einzige Schutthalde, und von Sissinghurst Castle steht nur noch der Turm, der so ungemütlich ist wie das verfallene Main House, und zwischen Mauerresten das Priest House und das South Cottage. „Lasst uns pflanzen und fröhlich sein, denn im nächsten Herbst sind wir vielleicht alle ruiniert." Allzu viel Geld haben sie zuerst nicht, doch sie spucken in die Hände und beginnen. In den ersten beiden Jahren lebt die Familie im untersten Turmzimmer, sooft sie in Sissinghurst sind. Geschlafen wird auf Feldbetten. Sie haben noch ihr Haus in Long Barn in der Nähe, das sie erst verkaufen, als Sissinghurst bewohnbar ist, einigermaßen. Sie bekommt den Turm, er das South Cottage als Schreibklausen, die beiden Jungen das Priest House, in das Küche und Esszimmer eingebaut werden. Im Main House sind das Elternschlafzimmer und die Bäder. Den Gedanken, die Häuser zu verbinden, verwerfen sie. Vom Schreiben zum Essen, vom Essen ins Bad, vom Bad in die Arbeitszimmer: Die Wege führen immer durch den Garten, der von den Häusern, vom Altwasser des einstigen Burggrabens und von einem Nussbaumhain umschlossen ist.

Am Beginn des Gartens: die Müllhalde. „Das Allerlästigste waren die wahrhaft entsetzlichen Haufen von Schutt, die zu beseitigen waren, bevor an das Pflanzen von irgendetwas nur gedacht werden konnte." Apfelbäume stehen noch und eine Quitte, und das einzige wirkliche Blumenerbe, das sie vorfinden, ist eine zwischen Unkraut und Ranken eingewurzelte Rose. „Eingewurzelt ist genau das richtige Wort, denn kein noch so mühevolles Graben wird sie von dem Ort vertreiben, wo sie unerwünscht ist: Sie erscheint ebenso sicher wieder wie die Winde."

Die unerwünschte „Sissinghurst-Rose" widersetzt sich dem Gartenplan, den sie mit Pflanzplänen und Beetskizzen von Anfang an verfolgen. „Wir waren völlig einer Meinung, was den Gesamtentwurf des Gartens anginge: lange Achsengänge von Nord nach Süd und von Ost nach West, in der Regel mit Statuen, Torbögen oder einem Paar von Pappelposten als Endpunkt, verbunden mit der intimen Überraschung kleiner geometrischer Gärten, die davon abgehen, fast wie die Zimmer eines riesigen Hauses von

den Hauptkorridoren." Jahre um Jahre um Jahre werden sie brauchen, das gewaltige Vorhaben der „Gartenzimmer" umzusetzen, und weit über ein Jahr schuften sie allein nur, um den Müll zu beseitigen und dem Unkraut Herr zu werden. „Angesichts der wilden Ausschweifungen der Natur ist es ein Triumph für den Gärtner, wenn überhaupt eine Blume gedeiht." Sie stauen einen Bach, um zwei Sumpfwiesen für einen See zu fluten, dann legen sie eine alte Grabenmauer frei und säen einen Rasen beim Turm an, neben dem sie einen Teich ausschaufeln. Blumen-rabatten werden ausgehoben, vertrocknete Hecken ausgerissen, frische Hecken eingesetzt, der Nussgarten gestutzt, Gartennelken, Rosmarin, weiße Madonnenlilien gesetzt. Und das ist bloß das erste Jahr. „Mit unregelmäßigem Einkommen und unsicheren Zukunftsaussichten leben wir in einem Durcheinander von Museumsteppichen, zerfallenen Schlössern und Geldmangel." –

„Das ist unser Leben. Arbeit, Unsicherheit und große finanzielle Vorhaben. Und, liegen wir falsch? Bei Gott! Wir liegen richtig."

„Ich hätte es niemals alleine fertiggebracht. Zum Glück hatte ich per Heirat den idealen Mitstreiter gefunden. Harold Nicolson muss in seinem früheren Leben Gartenarchitekt gewesen sein. Er verfügt über einen angeborenen Sinn für Symmetrie und über ein geniales Talent, einem widerspenstigen Gelände Brennpunkte und lange Blickachsen abzutrotzen, eine Fähigkeit, die mir völlig abging." Ihre Fähigkeit: die mit Hecken, Mauern, Sträuchern voneinander getrennten „Gartenzimmer" verschwenderisch auszustatten. Unter ihrer Hand gedeiht zu seiner Freude die Blumenpracht des Gartens. „Du mit deinem außerordentlichen Geschmack hast ihm ganz und gar deinen Charakter gegeben. Ich glaube, das Geheimnis deiner Gartenarbeit besteht darin, dass du den Mut hast, hässliche oder undankbare Blumen zu beseitigen. Abgesehen von diesen scheuß-lichen Fackellilien, für die du eine Schwäche hast, gibt es dort keine einzige hässliche Blume." Sie ist süchtig nach Grün, und um sich vor Dornen, Nesseln, altem Stacheldraht und scharfkantigen Fischdosen zu schützen, hat sie sich ihre Gartenkleidung erfunden, die sie jahraus, jahrein trägt: Mit Kniebundhose, hohen Stiefel mit Segeltuchschaft, in die sie eine Scheide für die Gartenschere einnäht, dazu Bluse, Weste, eine grobe Jacke – und, ganz Adelsdame, mit Perlenkette und langen Ohrringen – rutscht sie auf Knien durch die Beete.

„Ich versichere, dass ich mir während meiner Lieblingsbeschäftigung nicht nur meinen Rücken, sondern auch meine Fingernägel
– und manchmal sogar mein Herz – gebrochen habe." Steinwege
werden durch den Bauerngarten gezogen, Graspfade durch den
Obstgarten gewalzt, Holunder wird zurechtgeschnitten, eine
Steinterrasse legen sie an, deren Stufen zum Grabengang hinabführen. Der Rosengarten wird abgesteckt, Hartholzbäume gepflanzt,
Sträucher eingesetzt, ein Maulbeerbaum und Birken herangeschafft,
und Trauerweiden säumen den See, der von Seerosen bedeckt ist.
Sie stellen einen Freilandkäfig für Wellensittiche auf, zweihundert Forellen werden ausgesetzt,
Zierkirschen gepflanzt, Kamelien, Magnolien, Flieder, Rosen über Rosen, Schwertlilien, Lavendel,
Malven, eine Weinrosenhecke. Narzissen kommen in den Obstgarten, Rittersporn und Maiglöckchen werden eingegraben, eine Pappelallee gezogen und eine Lindenallee und immer mehr und
noch mehr Blumen, Pflanzen, Bäume. „Es war ein romantischer Ort, und er musste, innerhalb der
Nüchternheit von Harold Nicolsons strenger Linienführung, auch romantisch behandelt werden.
Meine Vorliebe für Üppigkeit und Großzügigkeit im Garten gehört zu meiner Gartenphilosophie.
Ich verabscheue alles Knausrige und Schäbige. Auch der kleine Garten kann in seiner Beschränkung verschwenderisch wirken." Harold plant den Garten, den Vita bepflanzt, und was sie schaffen, ist so sehenswert wie unbeschreiblich. „Sissinghurst wird eine Wucht."

„Messe den Mittelweg im Gemüsegarten aus. Dann weigert Vita sich, bei unserer Entscheidung
zu bleiben, die elenden kleinen Bäume zu entfernen, die meinem Entwurf im Wege stehen. Ihre
romantische Veranlagung behindert wie üblich die klassische." Stein des Anstoßes: der Vogelkäfig, der ihm im Weg ist. „Dieser Garten ist das Porträt einer Ehe." Und zu einer Ehe gehört der
Streit. „Ich versuche, die Perspektive des Gemüsegartens durch Verlängerung der gepflasterten
Wege zu erweitern, stoße aber auf Artischocken und Vitas Entrüstung. Danach betrübt Unkraut
aus dem Rasen gejätet." Und dennoch: Sooft sie sich auch in die Haare kriegen, der Garten wird
zum Wunderwerk. „Von Anfang an stand für uns fest, dass der Garten mit all seinen Räumen und
Unterabteilungen jahreszeitliche Züge tragen sollte; er war groß genug, um Platz dafür zu bieten.
Wir konnten einen Frühlingsgarten von März bis Mitte Mai haben, einen Frühsommergarten von
Mai bis Juli, einen Spätsommergarten von Juli bis August und einen Herbstgarten von September bis Oktober. Der Winter muss sehen, wie er mit ein paar wenigen winterfesten Sträuchern
und ein paar frühen Knollen zurechtkommt." Sissinghurst Garden gelingt, in Sissinghurst Castle
dagegen misslingt ihnen so einiges, vor allem das bücherbestückte Wohnzimmer wirkt wie „eine

Krankenstation in einer türkischen Kaserne": „Nur um dich vorzuwarnen: Der große Raum ist ein Reinfall. Ich habe alles versucht, aber ich kriege es nicht so hin, dass es stimmt." Und so wird das Esszimmer im Priest House weiter das einzige Zimmer sein, in dem sich täglich alle treffen, sofern sie in Sissinghurst sind.

> *„Man sollte wissen, dass dieser Garten ein Produkt ihre Mußestunden war. Sie schufen ihn in den Pausen, während sie genug Geld verdienten, um ihn zu erschaffen."*

Die Jungen, Nigel und Benedict Nicolson in Oxford oder Eton, Harold Nicolson die Woche über in London – in Sissinghurst hat Vita neben der Lust am Garten die Ruhe zu schreiben, besonders nachts in ihrem Turmzimmer. Und sie schreibt so erfolgreich, dass ihre Geldnöte rasch enden. *Schloß Chevron* oder *Erloschenes Feuer*: Ihre Bücher werden Renner, fünfzig von ihnen wird sie herausbringen, dazu Gedichte wie *Sissinghurst*, *The Garden* oder *The Land*, die allesamt so viel einbringen, dass sie zusammen mit einem Gelderbe, das ihr aus Knole zufällt, Tausende Hektar Wald, Felder, Wiesen um Sissinghurst aufkaufen. Harold Nicolson: „Ich bin vollkommen überzeugt, dass es dir gelingen wird, aus diesem Durcheinander von Gutshoftrümmern etwas ganz und gar Persönliches, Schönes zu machen." Aus Sissinghurst Castle wird ein Landsitz mit eigenen „downstairs", die den „upstairs" die Arbeit abnehmen, vor allem auch die grobe Gartenarbeit. Gartengehilfen, Gärtner, „head gardeners" werden rückenschonend eingestellt. Ihr Schreiben ist so einträglich, dass sie nun nicht mehr auf Knien durch die Beete kriechen muss.

Ihre Bücher machen sie bekannt, berühmt aber wird sie im gartenvernarrten England durch eine

Der berühmte weiße Garten vor dem Priesterhaus von Sissinghurst

eigene Zeitungsspalte und eine landesweite Rundfunksendung, in der sie Woche für Woche so lange über Gärten, Gartenanlagen, Gartenarbeit spricht, bis sich die die neugierig gewordenen Gartenliebhaber vor Sissinghurst stauen, um ganz besonders eines zu sehen: den „weißen Garten". „Ich habe einen, wie ich hoffe, recht hübschen Plan für ihn: nur weiße Blüten, mit ein paar Tupfern von blassem Rosa. Weiße Clematis, weißer Lavendel, weiße Schmucklilien, weiße, gefüllte Schlüsselblumen, weiße Anemonen, weiße Kamelien, weiße Lilien." – „Ein flaches Meer von grauem Blätterwerk, aus dem hier und da hohe weiße Blumen ragen. Ich habe die weißen Trompeten Dutzender von Königslilien vor Augen, die durch den grauen Teppich von Eberraute, Römischem Wermut und Heiligenkraut stoßen. Dort werden weiße Stiefmütterchen und Pfingstrosen wachsen, weiße Schwertlilien mit ihren grauen Blättern. Wenigstens hoffe ich, dass dies alles dort einmal wachsen wird. Ich möchte nicht vorzeitig mit meinem grau-grün-weißen Garten prahlen. Vielleicht wird es ein schrecklicher Reinfall." Wird er nicht, doch vorerst blüht er nur in ihren Gedanken, denn zu lang sind die Arbeitslisten, die sie für die „Gartenzimmer" erstellen. Er schreibt „Gartentagebücher", sie hält „Gartennotizen" fest und zu jeder Pflanze stecken sie ein Namensschild. Harold Nicolson: „Hinten Forsythien und hohe Tulpen. Vorne eine gute Mischung von Schlüsselblumen und Anemonen, aber die decken nicht genug. Einfach auffüllen. Unter Baum 8: Wildnarzisse lassen. Topf: sehr schlechte Traubenhyazinthe, herausnehmen und neu auffüllen. Baum 9: gute Anemonen. Schlüsselblumen mit Baumwolle abdecken." Vita Sackville-West: „Die kleinen Veilchen mit den dunklen Blättern verteilen und aufstocken." – „Obstgarten: mehr Narzissen als Saum für den gemähten Hauptweg nötig." – „Den weißen Thymian aus dem Thymianbeet nehmen. Im grau-grünen Garten einpflanzen und ihn durch so viel guten roten Thymian ersetzen, wie wir nur erübrigen können; mit purpurnem auffüllen." Hat sie ihre Liste abgearbeitet, schreibt sie mit roter Tinte „Erledigt" darunter.

Sie, die vorzeiten nicht genug bekam von Bällen, Vergnügungen, Reisen durch die Welt – je älter sie wird, je mehr zieht sie sich in Sissinghurst zurück. Abendgesellschaften meidet sie, Einladungen ins Königshaus sind ihr lästig, außer ihren Liebhaberinnen wimmelt sie Übernachtungen ab. Ihr bevorzugter Eintrag in ihr Tagebuch: „Ruhiger Tag in Sissinghurst". Doch eine dunkle Vorahnung lastet auch auf Sissinghurst mit seinen über hundert weißen Tauben, die sie vom Turm aus füttert. „Und dann geschah etwas ganz Außergewöhnliches: Sie verschwanden alle, als hätten sie es gewusst." Die Vorahnung: der Zweite Weltkrieg. In ihm ersetzt sie für Jahre ihren Tagebucheintrag durch „Unruhige Tage in Sissinghurst", denn die deutschen Bomber fliegen auch über sie hinweg nach London, in dem Harold Nicolson noch immer die Woche über arbeitet. Er sorgt sich um sie und schreibt ihr Briefe, sie berichtet ihm über Sissinghurst und schickt ihm Blumen. Briefauszüge:

„Eine Art Schleier hat sich zwischen meine Liebe zur Natur und der Angst vor dem wirklichen Leben geschoben."

„Was für entsetzliche Stunden. Wenn du doch bloß nicht in London wärst."„Ich gehe zu Bett und werde hoffentlich schlafen. Höchstwahrscheinlich wird es diese Nacht Luftangriffe geben."„Ein herrlicher klarer Morgen, aber ziemlich kalt. Trotzdem gehe ich schwimmen. Ein großer Reiher fliegt vom See auf. Der Bauerngarten flammt gelb, orange und rot auf. Ein wahrer Triumph der Gartenkunst."„Ein gewaltiger Angriff am Morgen, oben in den Lüften dröhnen und brummen laut die Flugzeuge. Über unseren sonnigen Feldern wird wild gekämpft."

Soldaten nehmen Sissinghurst in Beschlag, das nachts verdunkelt wird, durch den Obstgarten wird ein Splittergraben gezogen, sie kümmert sich um das Gewächshaus, das sie sich zugelegt hatten, so gut das noch geht, ihre Gärtner aber werden eingezogen und der Garten verwildert. Ihre größte Sorge indes: die Söhne. Sie dienen in der Armee. Auf dem Turm von Sissinghurst steht eine bewaffnete Wache, um rechtzeitig Fallschirme zu sichten, falls die Wehrmacht den Sprung auf die Insel wagt. Die Sackvillefahne, die sonst auf ihm weht, wird aus Trauer eingeholt. Sie gibt das Turmarbeitszimmer auf. Zu wenig Kohlen, um zu heizen. Das ungenutzte Wohnzimmer wird gassicher abgedichtet, ein abgeschossener Flieger geht brennend nieder, der nur knapp den Turm verfehlt, Panzerketten graben sich durch die Wiesen, Geschosse schlagen ein, überall liegen Hülsen der Luftschlacht über England. Die Toten, die Kriegsversehrten, die Opfer der Verbrechen, die Judenverfolgung: „All das macht mich sehr unglücklich." Dann aber doch der Tag des Kriegsendes. Ben Nicolson hat Heimaturlaub, Harold Nicolson ist in Sissinghurst: „Um drei erreicht uns die Nachricht, dass Deutschland sich gezwungen sehe, bedingungslos zu kapitulieren. Ben und ich stürzen los, um es Vita zu erzählen, die gerade im Hof ist. Sie war damit beschäftigt, die Akeleien an der Mauer zu befestigen. Alle drei klettern wir die Turmtreppen hinauf, binden die Fahne ans Seil und hissen sie in der lauen Süd-West-Brise. Stolz und fröhlich prunkt sie dort nach den fünf

Jahren unter Verschluss." Wenige Wochen später ist auch Nigel Nicolson aus dem Krieg zurück und bald auch ihr Fahrer, ihre Bediensteten und ihr „head gardener".

Neue Blüte. „Grundsätzlich bin ich für Übertreibung, für große Gruppen, ausschweifende Formen. Zwölf Tulpen zusammen sind mit Sicherheit wirkungsvoller als je sechs. Ebenso ist die Wirkung größer, wenn man Rittersporn zusammen in einem Beet pflanzt, als ihn zu verteilen." Der Garten lebt wieder auf, und nun endlich geht sie den „weißen Garten" an, zu dem ihr Harold Nicolson eindringlich rät. „Ich hoffe wirklich, dass du bei der ursprünglichen Idee bleibst und das Rittersporenbeet in Grau und Weiß hältst und nicht zu sehr ins Blau abweichst. Außerdem sollte es ein Juligarten werden, der blüht, wenn die Rosen nicht so schön sind. Ich stelle mir Unmengen von Aschenpflanzen, Unmengen von Eselsohr, viele Eberrauten und etwas Heiligenkraut vor, wobei der Hintergrund überwiegend in Grau gehalten ist. Aus diesem Urwaldwuchs sollen Königslilien herausragen. Also, auch wenn ich ein oder zwei Tupfer Ochsenzunge oder sonst etwas Blaues unter dem ganzen Weiß und Silber begrüßen würde, so hoffe ich doch, dass du fest bei deinem grundlegenden Farbplan bleibst. Sonst sieht es aus wie jede andere Blumenrabatte auch." Sie hält sich an die eigenen Vorgaben und die Besucher strömen. „Diese sanften, freundlichen Männer und Frauen, die in den Garten eindringen, nachdem sie ihren Silber-Obolus in die Schale geworfen haben, diese wahren Friedensstifter, diese gutmütigen Naturliebhaber, wie sie hingebungsvoller nicht sein könnten, diese einfachen Seelen, die genau die Schildchen studieren und sich Notizen in ein Heftchen machen – das sind Leute, die ich nur allzu gern willkommen heiße und empfange. Zwischen uns hat eine ganz besondere Form von Höflichkeit überlebt, eine Gärtnerhöflichkeit in einer Welt, in der die Höflichkeit gewichen ist." Gewichen ist auch die Gießkanne, und die Schale, die statt ihrer aufgestellt ist, füllt und füllt und füllt sich, und die Gartenpilger ahmen ihren Garten nach: den Sissinghurst-Stil. „Das heißt, wir haben erreicht, was wir wollten – ein perfekt ausgewogenes Verhältnis zwischen Klassik und Romantik, zwischen dem Üblichen und dem Überraschenden."

Zerstörung im Bombenhagel: Oxford Street in London

Vita Sackville-West am Schreibtisch

„Es ist ein Garten, um den ich jemanden beneiden
würde, gehörte er jemand anderem."
Sie muss nicht beneiden, sie wird beneidet.

Je mehr Liebhaber den Garten besuchen, desto mehr wird über ihn gesprochen, doch vor allem ihre Zeitungsspalte lockt zur Wallfahrt nach Sissinghurst. Sie gehört zu den Meistgelesenen Englands. Und so überflutet sie ein zweiter Strom: Briefe voll mit Gartenfragen, die sie gewissenhaft beantwortet, auch wenn sie sich selbst nicht immer an die eigenen Ratschläge hält: Seltene Wildpflanzen auszugraben, um sie in den eigenen Garten zu setzen, nennt sie rohe Plünderei. Sie selbst aber hat auf ihren Reisen stets einen Beutel mit einem Schwamm dabei, um ausgegrabene Pflanzen feucht zu halten. Ableger steckt sie in eine rohe Kartoffel. Bei ihr heißt das „Rettung" in die „Sicherheit" ihres Gartens und über Jahre werkelt sie an einem Enzianbeet.

Der Garten, die Besucher, die ständigen Anfragen, die Zeitung: Sie stellt das Bücherschreiben ein und widmet sich nur noch dem Garten, der zu Harold Nicolsons Missfallen noch bekannter wird. Sie: „Der Herausgeber von *Gardening Illustrated* möchte einen Artikel über unseren Garten bringen. Das ist nett von ihm, und außerdem will er den Beitrag auch in ein Buch aufnehmen, das er für *Country Life* macht. Es ist wirklich komisch, dass unser geliebter Garten nun seinen Platz unter den bekanntesten Gärten von England einnehmen soll, nicht wahr?" Er: „Ein entsetzliches Weib ist bei uns hereingeplatzt. Ich bleibe hart. Aber die warmherzige Vita gibt nach. Sie nennt das ‚höflich sein'. Ich jedenfalls weigere mich, fotografiert zu werden, und ziehe ab zum Unkrautjäten. Ich jäte und grummle unter einer Forsythie vor mich hin, als ich merke, dass sie mit ihrer Kamera hinter mir steht. Alles, was sie fotografiert haben kann, war ein großer flanellgrauer Hosenboden." Das Bücken aber fällt ihm immer schwerer und auch ihr rückt das Alter zu Leibe.

„Es ist ein schönes Gefühl, dass wir ein Kunstwerk geschaffen haben." Das Gartenkunstwerk aber schaffen sie nicht allein. Sie haben Hilfe: ihre Gärtner. Zu den Gehilfen kümmert sich einer um die handgeschnittenen Hecken, einer ausschließlich um Lindenallee und Nussgarten, dazu der „head gardener", dem zwei Gärtnerinnen nachfolgen. Ungewöhnlich, denn in der Männerwelt der Gärtner nehmen in England anfangs nur zwei Gärtnerschulen Mädchen auf, die mit Hut und weitem Umhang erscheinen müssen, um ihr Haar zu verbergen und bloß kein Bein zu zeigen. Ihre Lady nennt sie nicht „girls", sie nennt sie „Mädchen". Die Rosen zu trocken, die Hecken zu wuchernd, der Boden zu ausgelaugt: Beet für Beet arbeiten sich die Mädchen an ihrer statt durch den Garten, dem sie die Kriegsjahre endgültig austreiben. Sie hingegen führt Besucher durch den Garten, mit denen sie stundenlang plaudert. Selbst die Königin lässt sich Sissinghurst nicht entgehen. „Wenn du wirklich mal ein anspruchsvolles Gespräch willst, empfehle ich drei Experten, die über Aurikeln reden." Gärtnern ist in England eine Volkskrankheit. Sie hält gefeierte Vorträge, für ihren Garten wird sie ausgezeichnet, in den noch immer jeder Schilling fließt, und Lord und Lady bestimmen weiter, was im Garten gepflanzt wird. „Rhododendren sind für uns wie korpulente Börsenmakler, die wir nicht zum Essen bei uns haben wollen. Doch es gibt einiges, was zu Sissinghurst passt, und das sollten wir verbessern, verbessern und wieder verbessern." Sonst aber: ihr Rücken.

„Mein Rücken ist schlimmer geworden. Denke ernstlich daran, mich umzubringen." Sie weint an einen Baum gelehnt, weil sie sich nicht mehr beugen kann, um im Garten zu arbeiten. Harold Nicolson, der sie auf ihrer Bank vor dem Turm sitzend findet, unfähig sich zu bewegen: „Ihr Rücken war steif. Sie ist voller Angst und hat Schmerzen. Sie ist unglücklich und fürchtet, zum Krüppel zu werden. Ihr Anblick zerreißt mir das Herz." Harold Nicolson und Vita Sackville-West. Er hat seine Männer, sie ihre Frauen, und dennoch: „Ich liebe dich so, ich glaube, ich bete sechsmal am Tag, dass dir nichts passiert." – „Es ist schon ein seltsames Leben, das wir führen – ich hier und du in London und dann wir beide am Wochenende in unserem wirklichen Heim, glücklich und still und geschäftig. Wenige Leute würden das verstehen, manche glauben sogar, wir stünden kurz vor der Scheidung. Wie unrecht sie haben. Wie unrecht!" – „Ich vermute, wir sind einander so untreu gewesen, wie man es nur sein kann, und doch schwöre ich, dass sich zwei Menschen nicht aufrichtiger lieben können, als wir es nach all den Jahren tun." All die Jahre aber enden. Krebs. Sie ist siebzig. Sie sitzt im Rollstuhl. An einem sonnigen Spätfrühlingstag wird sie durch ihren Garten geschoben. Durch den „weißen Garten", dann über den Rasen vor ihrem Turm zu den Magnolien, durch den Lindengang, der mit Primeln, Narzissen, Anemonen, wilden Tulpen gesäumt ist, in den Nussbaumgarten, am Wassergraben entlang. Sie stirbt in ihrem Schlafzimmer. Die Fenster zum „weißen Garten" sind weit offen. Harold Nicolson, der sie nur wenige Jahre überlebt, geht in den Garten. Er pflückt ihre Lieblingsblumen, die er zu ihr auf das Sterbebett legt. Seine letzten Jahre: Er wird schweigsam, alterswirr, mit ihm zu sprechen, wird schwierig. Den Tag über bleibt er in seinem Cottage am Bauerngarten. Erst wenn die Gartenbesucher gegangen sind, setzt er sich in seinen Holzstuhl vor das Haus, um die Blumenpracht in Stille zu genießen. Sein Tod kommt rasch. Das Herz versagt. „Er war nie wieder der Gleiche. Er ging mit ihr."

Niki de Saint Phalle

(1930 – 2002)

Das größte Abenteuer meines Lebens

Niki de Saint Phalle, 1994

Paris, ein heruntergekommenes Hinterhofatelier, ein kalter Wintertag. An einer Ziegelmauer sind weiße Gipsreliefs aufgehängt. Gäste frieren im Hof. Sie erwarten eine Ausstellungseröffnung. Was sie nicht erwarten: Sie werden die Kunstwerke erst vollenden, denn sie sind Teil ihrer Entstehung. Die Eingeladenen sind verwirrt, als ein Schießbudenbesitzer vom nahen Rummel ein Gewehr bringt. Sie werden aufgefordert, auf den blendend weißen Gips anzulegen. Sie feuern. Als Letzte nimmt Niki de Saint Phalle die Waffe. Sie hat die Reliefs gestaltet, in die sie Farbbeutel unsichtbar eingearbeitet hat, Tomaten, Nudeln, Eier. Sie ist angespannt, entschlossen, ernst. Der Gips splittert, Beutel platzen, die Farbe spritzt. Das unschuldige Weiß: bunt, verschmiert, aufgerissen, verwüstet, geschändet. Lust an der Gewalt, Wiedergeburt durch Tod, Verwandlung durch Vernichtung – sie zerstören Kunst, um Kunst zu erschaffen. Für Niki de Saint Phalle aber bedeutet ihr Schuss weit mehr. Er ist eine Befreiung. Die fliegenden Kugeln nehmen ihre Wut, ihren Zorn, ihre Trauer mit sich, dann legt sie das Gewehr beiseite. Erleichtert fühlt sie sich erlöst. „1961 schoss ich auf: Papa, alle Männer, kleine Männer, große Männer, bedeutende Männer, dicke Männer, Männer, meinen Bruder, die Gesellschaft, die Kirche, den Konvent, die Schule, meine Familie, meine Mutter, alle Männer, Papa, auf mich selbst, Männer." Ihre Schüsse sind eine Hinrichtung. Mit ihnen hält sie ihre erste Kunstkarte in der Hand.

Comtesse Catherine Marie-Agnès, „Niki", Fal de Saint Phalle, 1930, Neuilly-sur-Seine, bis 2002, San Diego. Ihre ersten Jahre im Zeitraffer: Am Tag ihrer Geburt werden ihr die schicksalweisenden Tarotkarten gelegt. „Der Magier", „Der Gehenkte", „Der Mond": Gestaltungskraft, Tatkraft, Einfühlungsvermögen, Erfindungsgabe. Ihre Geburt aber überlebt sie nur knapp. Die Nabelschnur hatte sich um ihren Hals gewickelt. Ihre Mutter ist Amerikanerin, der Vater, der aus uraltem französischem Ritteradel stammt, hält sich Geliebte. Im Jahr zuvor: der „Schwarze Freitag". An der Wall Street stürzen die Kurse ab. André Marie Comte de Saint Phalle verliert sein Vermögen an der New Yorker Börse. Weltwirtschaftskrise, Arbeitslosigkeit, Verelendung, Bettler auf den Straßen von Paris. Über dem Rhein wankt die Weimarer Republik. In den Kämpfen Rechts gegen Links: der Aufstieg Adolf Hitlers. Der Krieg rückt heran. Weit weg wird Niki de Saint Phalle in New York an die Klosterschule Sacred Heart geschickt, deren sittenstrenge Nonnen wenig zimperlich sind, um aus höheren Töchtern heiratsfähige, halbwegs gebildete, wohlerzogene Damen zu machen, die vor dem Traualtar stehen, am liebsten an der Hand eines Reichen von Stand. Nichts für sie. Zur Enttäuschung der Eltern will sie kein Weibchen werden. Sie wird aufsässig und geht klauen und schnappt sich verbotene Bücher und malt die Feigenblätter griechischer Helden rot an, bis sie der Schule verwiesen wird. Danach wandert sie von einer zur nächsten. Und

dann doch: Der Krieg ist vorbei, sie beendet die Schule, aus ihren ersten Jahren aber nimmt sie ein Geheimnis mit ins Leben, das sie tief in sich vergraben hat.

Das Leben der Niki de Saint Phalle: Zart ist sie, zierlich und außergewöhnlich hübsch. Beste Heiratsaussichten, doch stattdessen wird sie Fotomodell. Sie schafft den Sprung in die *Vogue* und *Harper's Bazaar,* und die Titelseite des *Life Magazine* zeigt sie sinnlich mit tiefem Ausschnitt. Noch ein Fehdehandschuh für die altbackenen Elternwünsche, den sie ihnen endgültig ins Gesicht schlägt, als sie mit einem jungen Soldaten durchbrennt, den sie gegen deren Willen heimlich heiratet. Die Brücke zur Familie ist abgebrochen. Harry Mathews, ein angehender Künstler, ein Habenichts in einer der ältesten Familien Frankreichs: Skandal. Und der endet nicht. Ihre Tochter Laura wird geboren, sie wechseln nach Paris, er versucht sich als Dirigent, sie sich als Schauspielerin, doch dann wird Niki de Saint Phalle unerklärlich fahrig, angespannt, gehetzt. Sie beißt sich die Lippen blutig, bald ist sie schwer selbstmordgefährdet. Sie wird in eine Anstalt eingeliefert, mit Schocks behandelt. Ihre Aufsässigkeit, der Aufstand gegen das Elternhaus – das Geheimnis, das sie verdrängt hatte, kommt nur langsam an den Tag: Scham, Schmerz, unverzeihliche Verletzung. „Ich wollte meinem Vater verzeihen, dass er mich, als ich elf Jahre alt war, zu seiner Geliebten zu machen versuchte. Ich fand nur Wut und leidenschaftlichen Hass in meinem Herzen." Die Schocks helfen nicht, Gespräche helfen nicht. Eines aber hilft: die aufbrechende Erinnerung, die Gefühle, die schrecklichen Vergewaltigungsbilder zu malen. „Ich war eine zornige junge Frau, doch gibt es ja viele zornige junge Männer und Frauen, die trotzdem keine Künstler werden. Ich wurde Künstler, weil es für mich keine Alternative gab – infolgedessen brauchte ich auch keine Entscheidung zu treffen. Es war mein Schicksal. Zu anderen Zeiten wäre ich für immer in eine Irrenanstalt eingesperrt worden – so aber befand ich mich nur kurze Zeit unter strenger Aufsicht. Ich umarmte die Kunst als Erlösung und Notwendigkeit." Die Kunst rettet ihr das Leben.

„Statt Terrorist zu werden, wurde ich ein Terrorist in der Kunst." Sie arbeitet besessen, zeichnet, sitzt stundenlang in Museen, Kunstateliers werden ihr Zuhause, vor allem aber Antonio Gaudís Figuren und Bauten mit ihrem grellbunten Schwung beeindrucken sie zutiefst. „Als ich

Mitte: Aufnahme des spanischen Architekten Antonio Gaudí, vermutlich aus den 1920er-Jahren
links und rechts: Park Güell von Antonio Gaudí

den herrlichen Park Güell von Gaudí besuchte, begegnete ich meinem Lehrmeister und zugleich meinem Schicksal. Ich erbebte. Ich wusste, dass auch ich eines Tages einen Park bauen würde. Eine kleine Paradiesecke. Eine Begegnung zwischen Mensch und Natur." Sie erträumt sich einen Garten der Kunst, genauso farbenfroh, genauso voll von märchenhaften Figuren, doch ernst genommen wird sie nicht. Paris, das ist Yves Klein, Christo, der Schweizer Jean Tinguely mit seinen schrottgefertigten Maschinenskulpturen, die ständig in Bewegung sind. Jasper Johns, Jackson Pollock, Robert Rauschenberg, Marcel Duchamp, Willem de Kooning bestimmen die Kunstwelt, sie dagegen gilt als herummalendes Gattenanhängsel, schon weil sie ein zweites Kind bekommt, ihren Sohn Philip. Aufgeben aber kann sie nicht.

Um zu leben, braucht sie die Kunst. Sie legt die Ölfarben beiseite, wendet sich Gipsland-schaften zu, in die sie Messer, Metzgerbeile, Pistolen einfügt, und wieder bricht sie eine Brücke ab, um auf eigenen Beinen zu stehen: Sie verlässt Harry Mathews, und statt seiner kettet sie sich an einen Liebhaber, der sich als Schuft erweist. Eine Demütigung, die sie nun nicht mehr schluckt. Sie klebt Hemd und Krawatte auf schwarzen Grund und setzt als Kopf eine Zielschei-be darauf: Das gesichtslose „Portrait of my Lover" aber ist mehr geworden als eine bloße Abrech-nung, denn Kunst heißt auch, mit Selbsterlebtem auszudrücken, was allen gemein ist, und so liegen für alle enttäuschten Liebenden Wurfpfeile bereit, sich Luft zu verschaffen. Jean Tinguely sieht die Arbeit und ist begeistert. Er lädt Niki de Saint Phalle ein, sie in einer Gruppenausstel-lung im Musée d'Art Moderne de Paris zu zeigen. Volltreffer. Die Besucher werfen und werfen. „Nicht sehr weit von meiner Arbeit entfernt hing ein vollkommen weißes Gipsrelief, was wäre, wenn das Bild bluten würde – verwundet wäre, so wie Menschen verletzt sein könnten. Das Bild wurde für mich zu einer Person mit Gefühlen und Empfindungen. Was wäre, wenn sich hinter dem Gips Farbe befände? Ich erzählte Jean Tinguely von dieser Vision und von meinem Wunsch, ein Bild bluten zu lassen, indem ich auf es schoss." Er drängt darauf, sofort zu handeln: An einem Wintertag frieren die Gäste in einem Hinterhofatelier. Sie laden und schießen und zuletzt schießt sie selbst. Niki de Saint Phalle und Jean Tinguely: Sie werden heiraten und sich trennen und Geliebte finden und sich doch in der Kunst ihr Leben lang verbunden bleiben.

Niki de Saint Phalle vollendet bei einer Ausstellung eines ihrer Werke mit ihrem Kleinkalibergewehr und Farbbeuteln. München, 1963

„Die Männer in meinem Leben, diese Bestien, waren meine Musen, das Leiden, davon zehrte viele Jahre meine Kunst – ich danke ihnen."

„Ich habe mich oft gefragt, warum in meinen Arbeiten so wenig Männer vorkommen. Wenn sie nett sind, dann sind sie Tiere und Vögel; sind sie grässlich, dann sind sie Monster." Frankreich, Holland, Schweden, Amerika: die „Tirs", ihre männertötenden Schießbilder, machen sie zum „Shootingstar" der Kunst. Sie sind ein Ereignis wie sie selbst. Eine Schönheit, die im knallengen weißen Lederanzug feuert und feuert, und immer größer werden die Gipsreliefs, und immer süchtiger wird sie nach dem nächsten Schuss, zugleich aber verbrauchen sich ihre Morde ohne Opfer zur hohlen Geste. Sie haben sie von der Vergangenheitslast befreit, nun entwindet sie sich ihrer Sucht, und sie besinnt sich auf das, was sie wurde: eine Frau, die unabhängig ist, selbstbewusst, eigenständig, anerkannt – und Frauen beginnt sie zu formen. Der Schmerz ist besiegt. Sie erobert sich die Lebensfreude zurück. Sie zieht ihre nächste Kunstkarte.

„Ich werde die größten Skulpturen meiner Generation machen. Größer. Höher und stärker als die der Männer." Junge Miezen, aufreizende Gören, ein wenig schlüpfrig, ein wenig verrucht, doch ausgelassen, naseweis und putzmunter: In den Gassen von Paris wird den „Nanas" hinterdreingepfiffen. Ausgelassen und putzmunter – das sind auch ihre quietschbunten Nanas, mit feisten Schenkeln, ausladenden Hüften, riesigen Brüsten, die sie in schreienden Farben bemalt. In Zeiten, in denen die brave Hausfrau gefragt ist, die sich züchtig gekleidet zu benehmen weiß und rank und schlank den Eheherren bedient, sind ihre Nanas eine Ohrfeige. Sie drehen und

links: Niki de Saint Phalle 1969 neben einigen ihrer Werke im Kunstverein Hannover.
Die Künstlerin stellt zum ersten Mal ihr gesamtes Werk in Deutschland aus.

Mitte und rechts: Befürworter der umstrittenen Nana-Skulpturen in Hannover bringen am 20.3.1974 ein Warnschild an, das Autofahrer und Passanten vor den Plastiken warnen soll. Laut ihren Gegnern führten diese nämlich zu vermehrten Verkehrsunfällen in ihrer unmittelbaren Umgebung. Am 9.11.1975 wickelten Fans die bunten Nanas sogar in Goldpapier ein, um ihren Wert für die Stadt herauszustellen.

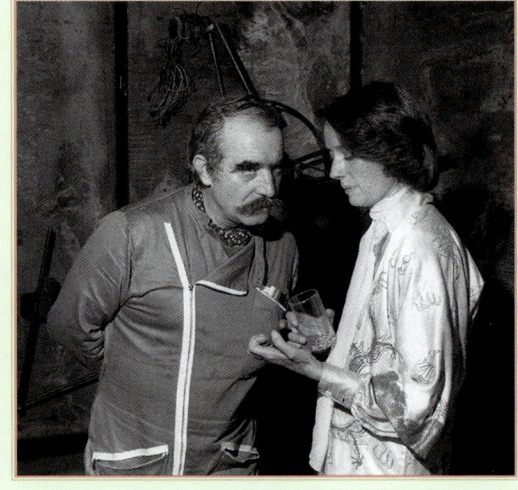

Besucher betreten im Juni 1966 im Stockholmer Modern Museum die Frauenskulptur *Sie – eine Kathedrale.* Ein Skandal!

Jean Tinguely und Niki de Saint Phalle, 1979

strecken sich, sie springen, stehen auf dem Kopf, schlagen Purzelbäume: entfesselte Weiblichkeit, deren Frohsinn sich rein gar nicht um das starre Frauenbild schert, das den Männern die Krone der Schöpfung sichert, nicht dem Menschen. Ihre Nanas sind fleischig, füllig, drall und quellend, nur Schenkel, Bauch, Brust: die Muttergöttinnen der Steinzeit, fruchtbar, gütig, nährend. Braut, Gebärende, Hure, Mutter: Sie sind das Leben in der Männerwelt aus Vietnam und Atomraketen. „Männer waren sehr erfinderisch. Sie haben all diese Maschinen erfunden, das Industriezeitalter, aber keine Ahnung, wie man die Welt verbessert." Und daher: „Nanas an die Macht." Weil sie die unterdrückende Männerherrschaft mit lebensfröhlicher Unbekümmertheit wegtanzen, werden sie zum übergroßen Sinnbild der aufkommenden Frauenbewegung, die bald schon ihre Büstenhalter verbrennen wird, um sich nicht mehr einschnüren zu lassen. Niki de Saint Phalles Kampfansage führt so freilich zum Aufschrei der Spießbürger, dem sie eine ihrer Nanas entgegensetzt: *Sie – eine Kathedrale.* Und kirchenriesig wird sie – und begehbar.

Jean Tinguely verschweißt sechs Tonnen Stahlrohr für das Gerüst der schwangeren Liegenden aus Hühnerdraht, Gips, Kleister, Stoffbahnen, Farbe. Fast dreißig Meter wird sie lang, sechs hoch, neun breit. Treppengänge führen durch ihr Inneres. In einem Schenkel eine Rutschbahn für Kinder, in einer Brust eine Bar, in einem Arm ein Kino mit zwölf Sitzen, durch den Nabel ein Ausgang zu einem Aussichtsbalkon – sie toben sich aus, die Einfälle jagen sich. Ausgang und Zugang: über die Scheide. „Ein Schelm, wer Böses dabei denkt", schreiben sie auf einen der Schenkel. Davor eine Ampel. Bei hundertfünfzig Besuchern im Inneren schaltet sie auf

Rot. Als der Vorhang fällt, hinter dem sie die Nana bauten: das Schweigen der erstarrten Gäste. Zögerlich erst betreten sie das „Monstrum", dann aber schieben sie sich in das „Freudenhaus". Die „größte Hure der Welt" – weit über hunderttausend werden in sie dringen, in den wenigen Wochen, in denen sie steht. Die Nanas der Niki de Saint Phalle aber haben für sie einen Preis. Um sie im Freien aufstellen zu können, rührt sie über Jahre haltbare Lackfarben an und ihre Drahtgestelle beschmiert sie mit Kunststoff. Beide aber sind giftig. Der Lackdampf, der Schleifstaub: Sie verätzen ihre Lunge, bis sie als Notfall eingeliefert wird.

> ## „Ausgerechnet das Material, mit dem ich am liebsten arbeite, ist absolut mein Todfeind."

Zehn Tage schwebt sie zwischen Leben und Tod. Sie ringt nach Luft, und um überhaupt wieder einen längeren Weg gehen zu können, braucht sie fast ein Jahr, das sie in der Bergwelt der Schweiz verbringt – die ihr eine weitere Kunstkarte zuspielt.

Jean Tinguely hat eigens einen Flieger gemietet, um sie in die Schweiz zu schaffen, und der Rennfahrer Niki Lauda schickt ihr seinen Fitnesstrainer, um sie wieder auf die Beine zu bringen. In ihrem abgeschiedenen, ruhigen Haus in den Bergen nahe Sankt Moritz stehen Eimer, Schüsseln, Pfannen, um das Wasser vom undichten Dach aufzufangen, davor aber ist die Welt der Berge, atemberaubend, wild und schön, die sie gesundend erkundet. Im Garten am Haus atmet sie in tiefen Zügen, sie läuft über blühende Bergwiesen und durch duftende Kiefernwälder und sitzt oft stundenlang still am Wegrand. Die Berge, die Wiesen, die Wälder: Sie entdeckt die Natur für sich. Das Erleben der Natur jedoch steigert sich zum Wahn. Um eins mit ihr zu werden, bereitet sie ihren Selbstmord auf einem der Gletscher vor. Als Henkersmahlzeit wählt sie Kaviar und Champagner, doch bevor sie die Schlafmittel schlucken kann, streckt sie eine Lungenentzündung nieder, die sie lang genug ans Bett fesselt, um sich zu besinnen, und wie immer: Setzt sie eine Krankheit außer Gefecht, rappelt sie sich danach eisern wieder auf, um beharrlich weiterzuarbeiten.

Sie sucht die Ruhe der Berge, im nahen Sankt Moritz hingegen feiert der Jetset-Zirkus in den Bars der Grandhotels. Eine, die mitfeiert: Marella Agnelli aus dem Haus der Fürsten Caracciolo, die Niki de Saint Phalle besucht. Sie kennen sich, denn sie arbeiteten einst für denselben Modefotografen. Beide aus uralten Adelshäusern, beide damals auf der

105

Suche nach Unabhängigkeit – sie hatten sich gut verstanden, dann aber aus den Augen verloren, doch nun verstehen sie sich wieder. Sie wandern gemeinsam, sitzen am Kamin, lesen sich Gedichte vor, und Niki de Saint Phalle spricht von einem alten Wunsch: „Einem Garten, der ein Dialog zwischen Skulptur und Natur sein sollte, ein Garten der Freude und der Fantasie." Doch wo ihn erschaffen? Die Caracciolos besitzen einen Steinbruch beim Dorf Capalbio nahe dem italienischen Grosseto. Dort? Sie reisen, um ihn sich anzuschauen. Die Terrassenstufen des überwucherten Steinbruchs entflammen Niki de Saint Phalle, und zündend ist auch ein erstes Skulpturenmodell, das sie im Gepäck hat, und tatsächlich: Der Steinbruch wird ihr überlassen.

Zurück aus Italien, entwirft und verwirft sie Skulpturen. Sie hat ein Gelände für ihren Skulpturengarten, doch wie passen die Entwürfe zueinander? Was verbindet sie? Nichts. Zwischen den Entwürfen aber stehen drei Figuren: *Der Turm zu Babel*, *Die Herrscherin*, *Die Gerechtigkeit*. Drei Figuren – drei Karten aus dem Tarot. Sie legt sich seit Jahren selbst die Karten, und „Schicksal" ist ein Schlüsselwort Niki de Saint Phalles. Die Tarotkarten zu ihrer Geburt, Antonio Gaudís Skulpturenpark, der sie tief getroffen hatte, die Farben ihrer blutenden „Tirs", die überlebensgroßen Nanas, eine Nana, die begehbar ist – das alles fügt sich nun in eins zusammen. Der Kreis hat sich geschlossen. Alle Kunstkarten, die sie aufgenommen hatte, gaben ihr das Blatt in die Hand, das sie jetzt ausspielt.

„Sollte unser Leben ein Kartenspiel sein, so werden wir geboren, ohne die Regeln zu kennen. Wir müssen uns mit den Karten in unserer Hand begnügen und das Spiel zu Ende spielen."

Der berühmte Tarotgarten in der Toskana: *Der Hierophant* und *Die Sonne*

Der Herrscher

Brunnen mit Nanas

Sie spielt ihr Spiel und sie legt ihr Blatt auf den Tisch: Ihr Tarotgarten entsteht. „Das größte Abenteuer meines Lebens."„Ich sehe mich in der Karte des Narren." Und närrisch ist das Vorhaben. Einfälle hat sie übergenug, das Geld für sie aber hat sie nicht. Sie hat nur eins: Willen. „Die völlige Hingabe an die Arbeit war die einzige mögliche Weise, den Garten zu bauen." Ist Niki de Saint Phalle aber in Schwierigkeiten, ist Jean Tinguely nicht weit. Er reist mit Künstlerfreunden nach Italien und das „Swiss Allstar Team" wirft sich in die Arbeit für die ersten Skulpturen. Ihre Fundamente werden ausgehoben und gewaltige Skelettgestelle geschweißt, an denen sie in einem Eisenkorb nach oben gezogen werden, um sie weiter in ragende Höhen zu treiben. Schwindelfreiheit ist Pflicht. Die Wege durch den Steinbruch, die Hühnerdrahthaut der Eisengestelle, auf die der Zement gespritzt wird, baut der Briefträger des Dorfes. Seine Leidenschaft aber werden die zahllosen kleinen Spiegelchen und die farbig gebrannten Kacheln, mit denen er die Haut beklebt, die so märchenhaft wie farbig wird. „Der Tarotgarten ist nicht nur mein Werk, sondern auch der Garten all jener, die mir bei seinem Bau behilflich waren." Eine Töpferin brennt Tausende und Tausende Kacheln, die Niki de Saint Phalle entwirft, Maurer schuften, Bauernburschen aus dem Dorf arbeiten auf der Baustelle, die zum Ameisenhaufen wird. Aus dem Garten, der einst im Barock ein Kunstwerk war, macht sie ein Kunstwerk, der ein Garten ist.

„Gleich nach Beginn der Arbeit wurde mir klar, dass das Unternehmen ein gefährliches Abenteuer werden würde und dass ich auf meinem Weg eine Menge Prüfungen zu bestehen hätte." Eine der Prüfungen: Ihre Hände schmerzen und ihre Beine versagen. Um Anweisungen zu geben,

wird sie über das Gelände getragen. Zwei Jahre verweigert sie, sich behandeln zu lassen. Und wieder steckt sie den Niederschlag weg. „Ich war überzeugt, dass ich mich allein durch meine Willenskraft kurieren könne. Ich wollte diese unerträglichen Schmerzen besiegen, ich wollte stärker sein, stärker als der Tod." Sie springt ihm gerade noch so von der Schippe. Sie wird ins Krankenhaus gebracht und mit Schmerzmitteln behandelt, die sie fortan ständig nehmen muss. Doch trotz allem: „Nichts konnte mich aufhalten. Ich war wie besessen. Ich fühlte, dass der Bau dieses Gartens mein Schicksal sein würde, wie groß auch die Schwierigkeiten wären." Zäh treibt sie ihren Garten voran, und sie hat sich in den Kopf gesetzt, ihn selbst zu bezahlen, um ihn allein nach ihrem Willen zu gestalten. Zweiundzwanzig Karten hat das Tarotspiel: *Die Sonne*, *Der Tod*, *Der Teufel*, *Der Hohepriester* oder *Die Wahl* verschlingen Millionen. Um sie

Der Tarotgarten ist heute eine Touristenattraktion. 22 surreale Bildnisse des alten Kartensatzes sind hier zu sehen.

aufzubringen, entwirft sie Möbel, Lampen, Vasen, Schmuck. Sie bemalt ein Flugzeug und bringt ein Parfüm auf den Markt, und kann sie die Arbeiter nicht bezahlen, springen ihr Freunde bei, die ihr aushelfen, Kunstwerke abkaufen, Aufträge beschaffen, denn sie braucht Geld und immer noch mehr Geld. „Der Garten wurde viel größer, als ich anfangs vorhatte."

„Als Architektin des Gartens habe ich meine Vision durchgesetzt, ich konnte nicht anders. Der Bau war mit großen Schwierigkeiten verbunden; es brauchte viel Liebe, wilde Begeisterung, Besessenheit und vor allem Glauben. Nichts hätte mich aufhalten können.

Es war wie im Zaubermärchen: Bevor der Schatz gefunden wird, begegnet man Drachen, Hexern, Magiern und dem Engel der Mäßigkeit."

Und sie ist mäßig: Um alles im Blick zu haben, haust sie in einer der wieder kirchenriesigen, begehbaren Skulpturen. Sie kocht auf einer einzigen Herdplatte, und ihre Vorräte liegen in einem Erdloch, um sie zu kühlen. „In der Spielkarte der Kaiserin richtete ich meine Wohnung ein. Ich lebte und schlief im Inneren der Mutter. Die Kaiserin wurde zum Zentrum des Gartens. Ich lebte allein in der Sphinx; das ist der Übername, den wir der Kaiserin gaben." Die Winter in ihr sind kalt, die Sommer unerträglich heiß, mit Fliegen über Fliegen. „Ich verbrachte Stunden mit dem Versuch, sie mit einem Buch oder einem Schuh totzuschlagen." Eine Freundin gibt ihr Geld für ein Fliegengitter.

Die Hohepriesterin, Das Rad des Schicksals, Die Stärke, Der Eremit, Der Wagen, Der Stern, Die Auferstehung: „Durch das Tarot fand ich zu einem größeren Verständnis der geistigen Welt und der Probleme des Lebens. Es schärfte meinen Blick für die Schwierigkeiten, die überwunden werden müssen, um, von Prüfung zu Prüfung weiterschreitend, am Ende des Spiels den inneren Frieden und den Paradiesgarten zu finden." Skulptur für Skulptur, Bauwerk für Bauwerk wächst ihr Garten Schritt für Schritt, Jahr für Jahr, und er wird mit einer Festungsmauer umschlossen, um dem Alltag den Zutritt zur Traumwelt zu verwehren. „Ein Schutz, wie der Drache, der in den Zaubermärchen einen Schatz bewacht." Doch Skulpturen, Höhlen, Grotten, Wasserspiele allein sind kein Garten. Die Blumen fehlen, die Beete, die Hecken. Für Niki de Saint Phalle aber darf Natur allenfalls gezügelt, nicht gestaltet werden. „Mir schien es am besten, das natürliche Umfeld der Region, eine Art Maquis, zu wahren." Maquis, *macchia*, bedeutet Buschwald, steht aber auch für Banditen, Gesetzlose oder Widerstandskämpfer, und genau so wuchern die Pflanzen des Steinbruchs, dessen Bäume und Sträucher die leuchtenden Figuren trennen. Ihre Standplätze werden freigeschlagen, sonst aber schießen Kräutersamen und Blütenpollen, die der Wind einträgt, bei den spiegelbesetzten Gebilden wild auf. "Es ist wunderbar, wie die Spiegel die Bäume, die Natur reflektieren. Die Spiegel geben jedes Blatt und jeden Lichtwechsel wieder. Alles ist in magischer Bewegung." Das wenige, das eigens gepflanzt wird, bezahlt Harry Mathews. Auch er ist ihr verbunden geblieben.

"Im Tarotspiel ist der Narr genauso stark wie alle anderen Karten zusammen. Warum? Weil er den Menschen in seiner geistigen Suche darstellt. Da er nicht weiß, wohin er geht, ist der Narr ständig bereit, Neues zu entdecken. Er ist der Held der Zaubermärchen, der zwar töricht erscheint, doch fähig ist, den Schatz zu finden. Der Narr hat fast keinen Besitz. So reist er unbeschwert." Der Tarotgarten: fast zwanzig Jahre Lebenszeit. Der Tarotgarten: das Werk ihres Lebens, das sie verlassen muss. Ihre Lunge spielt nicht mehr mit. Aus jeder Anstrengung wird Atemnot. Immer in Reichweite: ein Sauerstoffgerät. Sie weiß, dass dies nicht mehr zu heilen, allenfalls zu verzögern ist, und wie die Bergluft der Schweiz hilft ihr nun die milde Meeresluft im kalifornischen San Diego. Dort wird sie sterben und ihren Tarotgarten wird sie nur noch selten besuchen, noch aber ist sie nicht bereit, sich aufzugeben. Nach einem Jahr Schweiz

Grotte in den Herrenhäuser Gärten, Hannover

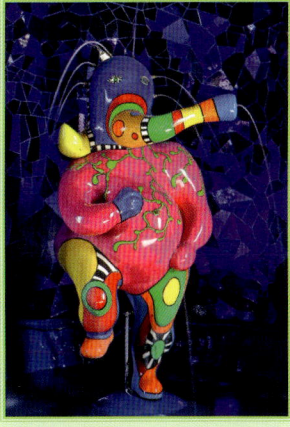

Der „Blaue Raum" mit „Dancing Nanas" im Großen Garten in Hannover-Herrenhausen

schnallte sie sich Langlaufskier an, in Kalifornien schnallt sie sich an das Gleitschirmgestell eines Drachenfliegers, und hartnäckig bleibt sie bei ihrer Arbeit, auch wenn sie weiß, dass ihr die Zeit davonläuft, und eine Gartenarbeit wartet noch auf sie, denn ihr wird angeboten, eine Grotte auszukleiden. Vor dreihundert Jahren wurde diese im Park eines barocken Schlosses gebaut, doch die einst prächtige Grotte mit ihren drei Hallen ist verfallen. Die Muscheln, die Kristalle, das Glas, das sie einst schmückte, sind herausgebrochen worden, und kriegszerstört wird sie als Abstellkammer genutzt.

Barocke Grotten: Verzauberte Höhlen, Heim der Feen, der Götter des Waldes und des Wassers, spiegelbesetzte Wände, Glas und Kristall. Zaubergestalten? Höhlen? Wasserspiele? Spiegel?

All das hat Niki de Saint Phalle in ihren Tarotgarten gesetzt, doch Grotte, Schloss, Park sind steinerne Geschichte. Der Gedanke, die zu schützende Vergangenheit ihrer Kunst auszuliefern, treibt vielen den Schweiß auf die Stirn, vor allem weil ihr freie Hand gegeben wird, um sie zu gestalten, denn keiner weiß, wie die drei Hallen der Grotte einst aussahen. Ihr misslingen die ersten Entwürfe, dann aber findet sie einen Weg, der überzeugt. Die Eingangshalle: Geheimnis,

Traum und Wunder. Die beiden Nebenhallen: „Tag und Leben", „Nacht und Kosmos". Doch kaum angefangen, wird das Vorhaben unterbrochen. Die meterdicken Grottenwände sind wasserdurchtränkt. Sie zu bearbeiten, ist ihre Zerstörung. Erst als sie trockengelegt sind, kann die Arbeit wieder aufgenommen werden, die sie aus der Ferne lenkt. Sie ist zu oft zu schwach zu reisen. Kunststoff wird auf die Wände gespritzt, und ist er ausgehärtet, wird er in Platten geschnitten, um in einer französischen Werkstatt nach ihren Entwürfen mit Mosaiken, Spiegeln, Kacheln beklebt zu werden, bevor sie in die Grotte zurückkehren. Für die Grottenfiguren erschafft sie Modelle, und so entsteht eine glitzernde Welt. Die Eingangshalle: Rot, Gelb, Braun, Ocker, Gold, geschwungen, fließend, schwebend. „Tag und Leben": ein Saal der Spiegel. Kühles Silber, funkelnde Schlangen, Vögel, Spinnen, rätselhafte Gesichter, eine Nana in einem Brunnen. „Nacht und Kosmos": Blau, Azur, Violett. Frauen tanzen ausgelassen an den Wänden, im Hallenbrunnen der gnädige, gütige, verspielte, kluge indische Gott mit dem Elefantenkopf.

In den Hallen der Grotte fasst Niki de Saint Phalle noch einmal all ihre Kunst zusammen, doch sie ist an ihr Ende gekommen. Sie brütet über den Entwürfen der Fenster, als sie nach Luft ringt. Wochen um Wochen wird um Niki de Saint Phalle gebangt, diesmal aber muss sie sich geschlagen geben. Zu lange war ihre Lunge zu angegriffen. Niki de Saint Phalle über die Karte des Todes: „Der Tod ist das große Geheimnis des Lebens. Ohne den Tod hätte das Leben keinen Sinn. Die Karte des Todes ist die Karte der Erneuerung." Werden und Vergehen. In ihrem Tarotgarten ist der Schnitter eine sensenschwingende Frau. „Mit ihrem Werkzeug trägt die Sensenfrau dazu bei, neue Blumen wachsen zu lassen." Die letzte Blüte ihrer Kunst sieht Niki de Saint Phalle nicht mehr in ihrer ganzen Farbenpracht. Erst ein Jahr nach ihrem Tod stehen die ersten Besucher an, um die vollendete Grotte zu betreten. Sie warten vor der Grotte des Schlossparks von Herrenhausen. Niki de Saint Phalle: Die Kunst, die einst den barocken Garten schmückte – sie ist in den Garten zurückgekehrt.

links: Kurfürstin „Sophie" als Nana, 1974
rechts: Die 67 Jahre alte Künstlerin Niki de Saint Phalle 1998 in Hannover, wo sie die Pläne für die Ausgestaltung des 400 Jahre alten Grottenbaus in der Herrenhäuser Gartenanlage vorstellt

Elke Mausch